図1　色合い（色相：円）・明るさ（明度：縦軸）・鮮やかさ（彩度：横軸）

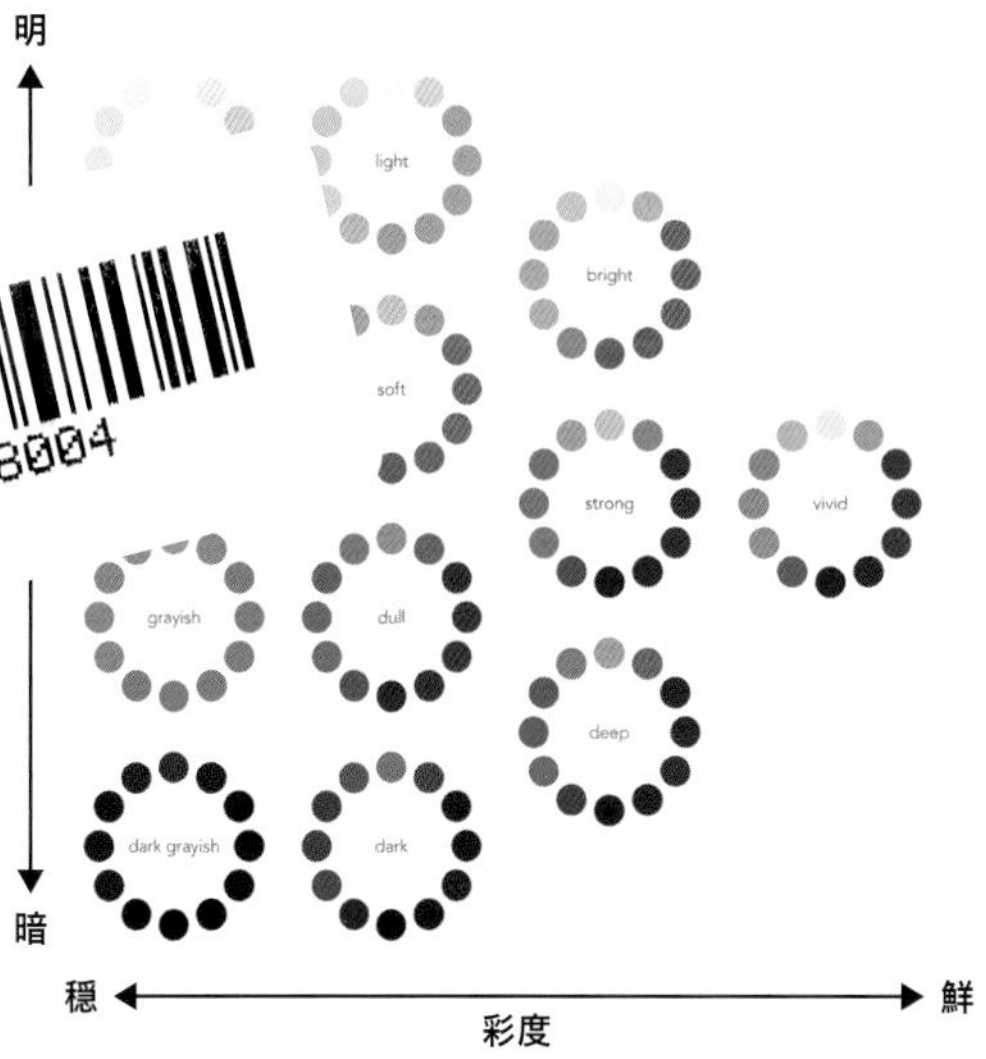

図2　色の錯覚「対比と同化」

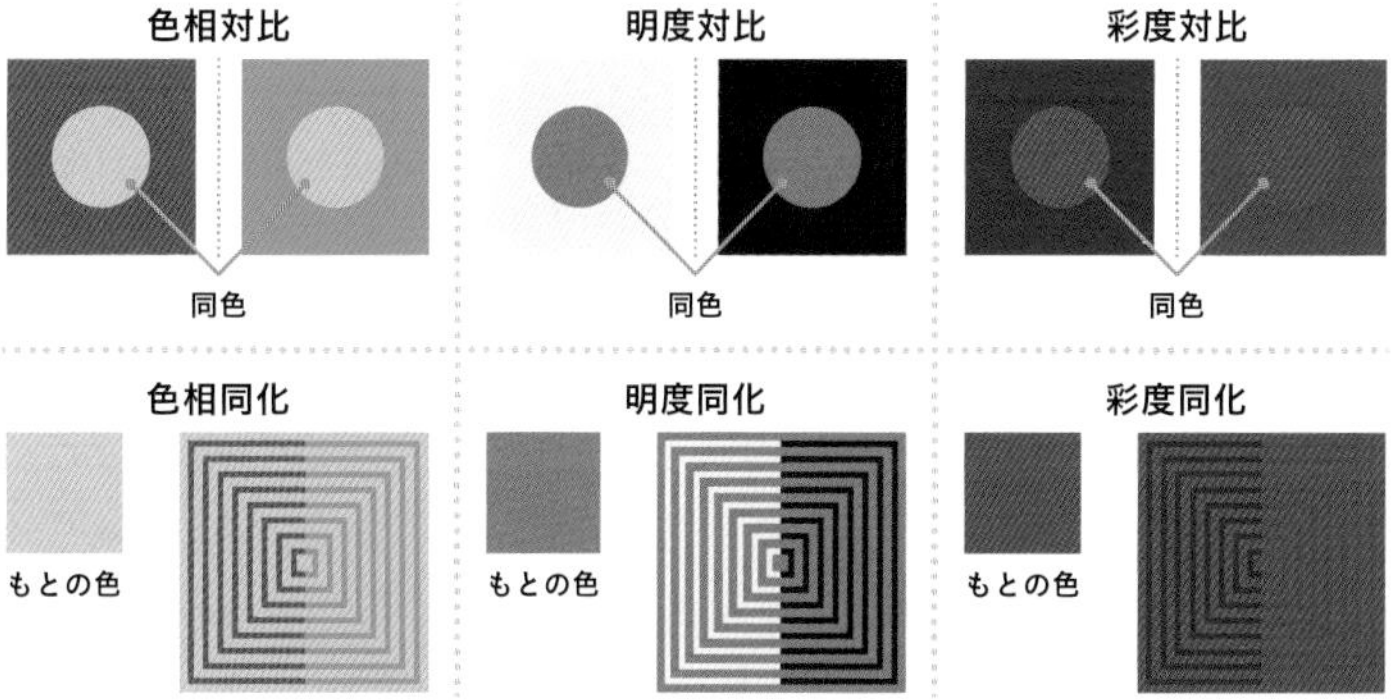

図3　補色同士の可読性低下と解消例

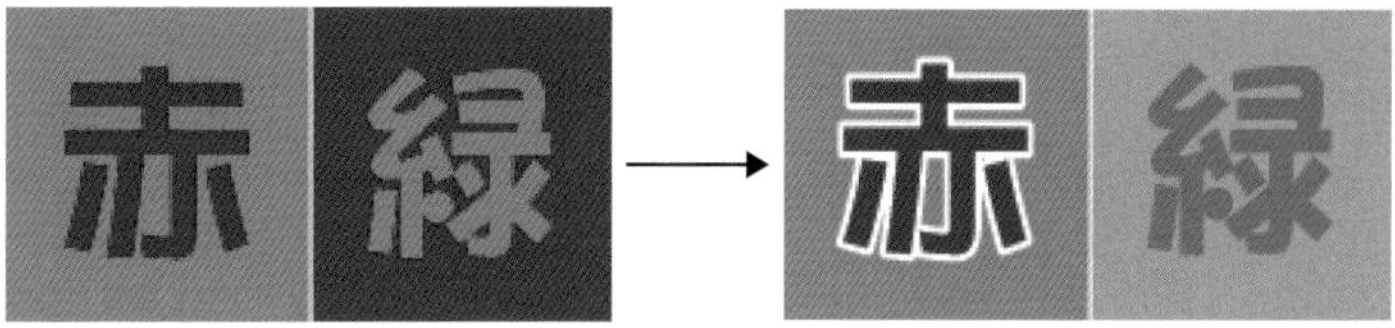

図4　プリズムによる分光

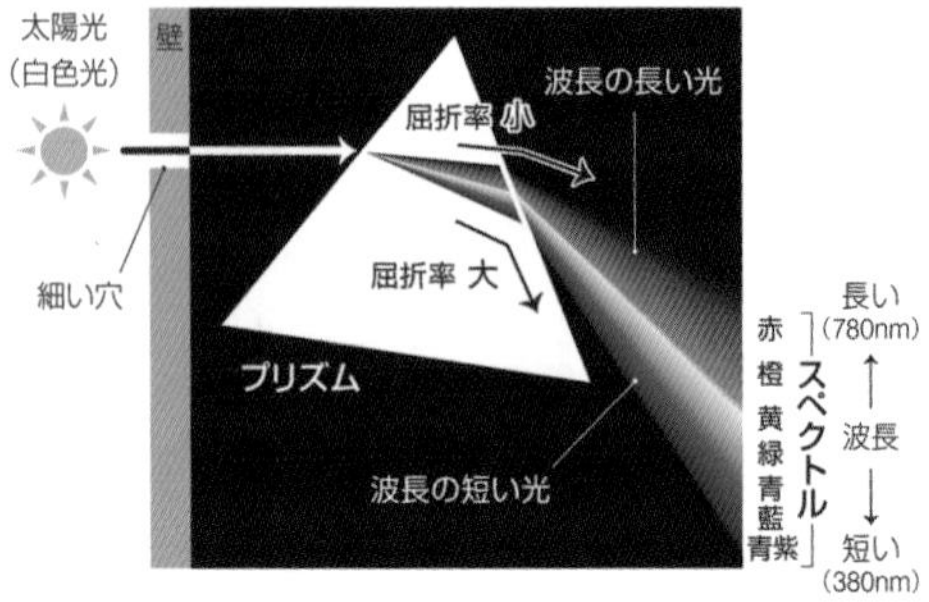

図5　電磁波の種類

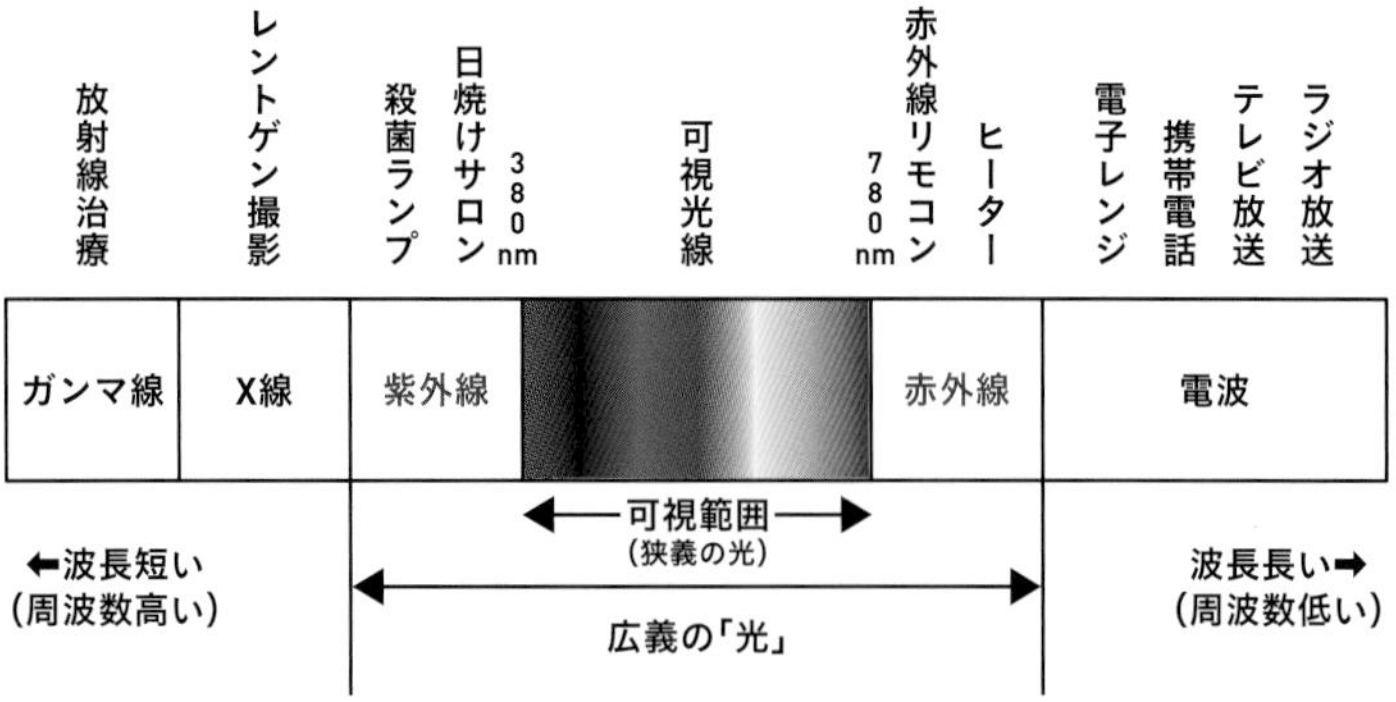

図7　加法混色（RGB）と減法混色（CMY）

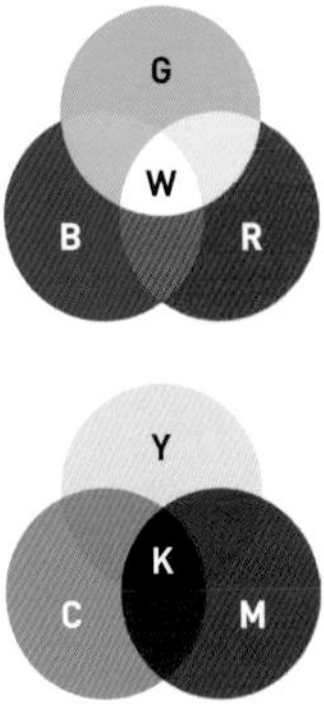

図6　*xy* 色度図と RGB・CMYK

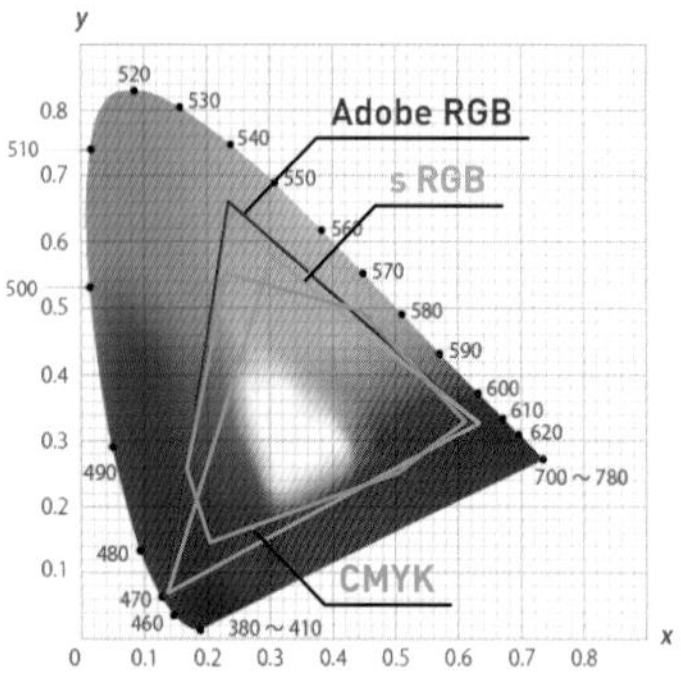

図9　色相のベースカラー分類
（ブルーベースとイエローベース）

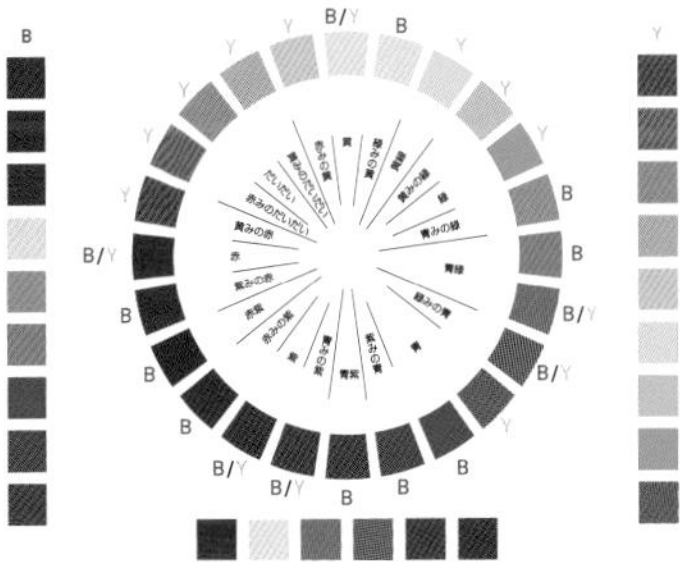

図8　筆者のバースカラー

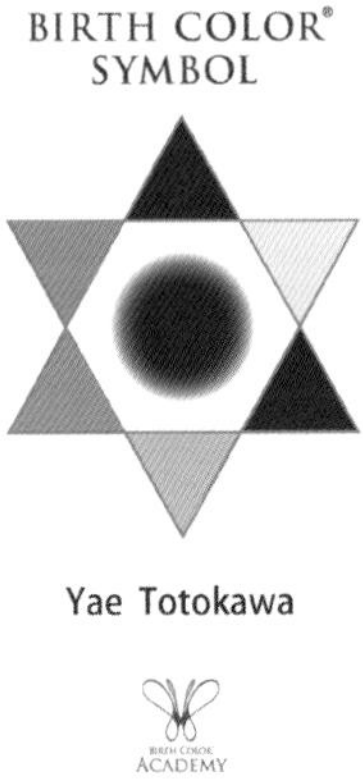

図10　あなたの外面の色素に合う「パーソナルカラー」（12タイプ分類）

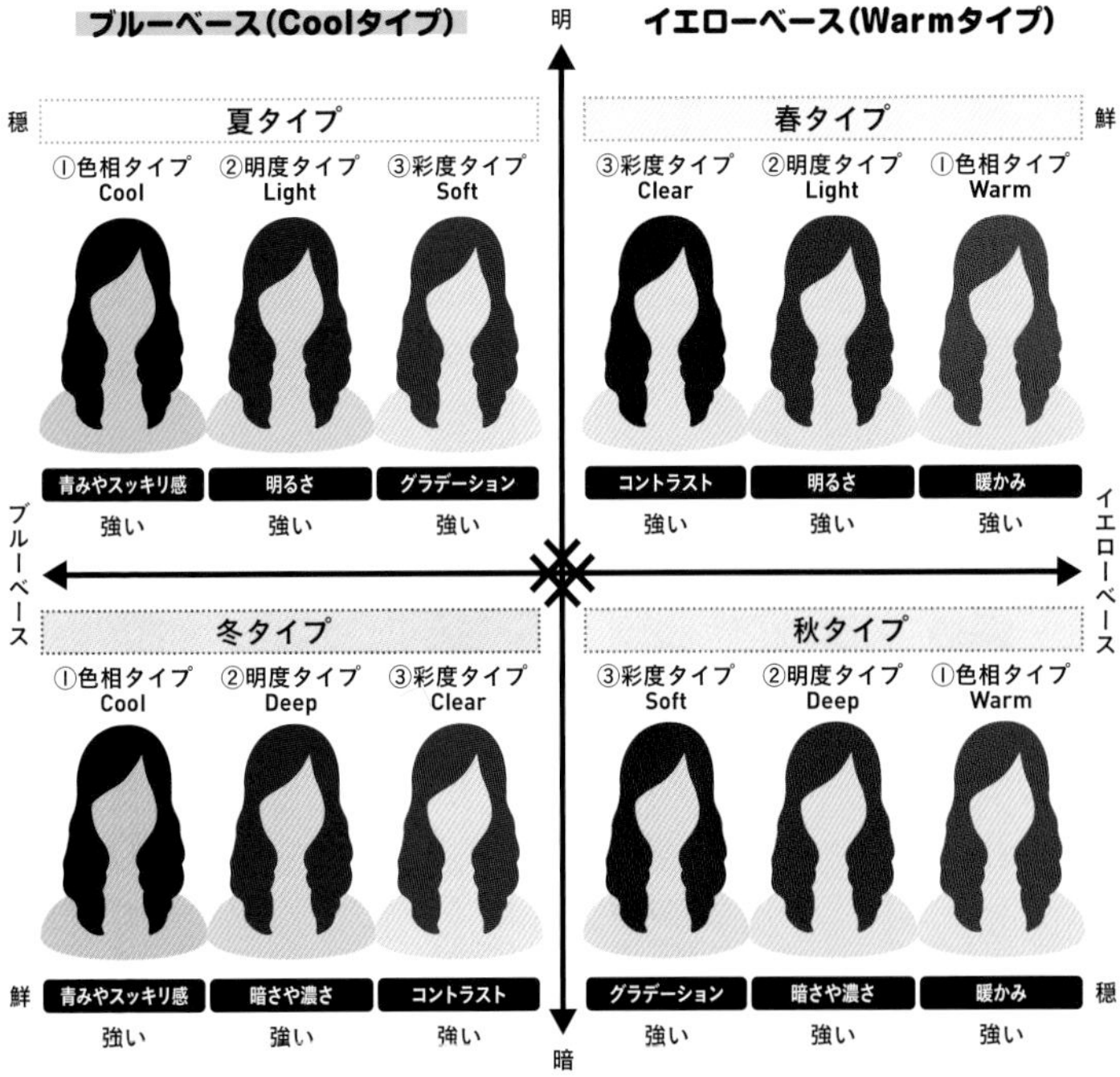

図11　色の春夏秋冬タイプの分類例

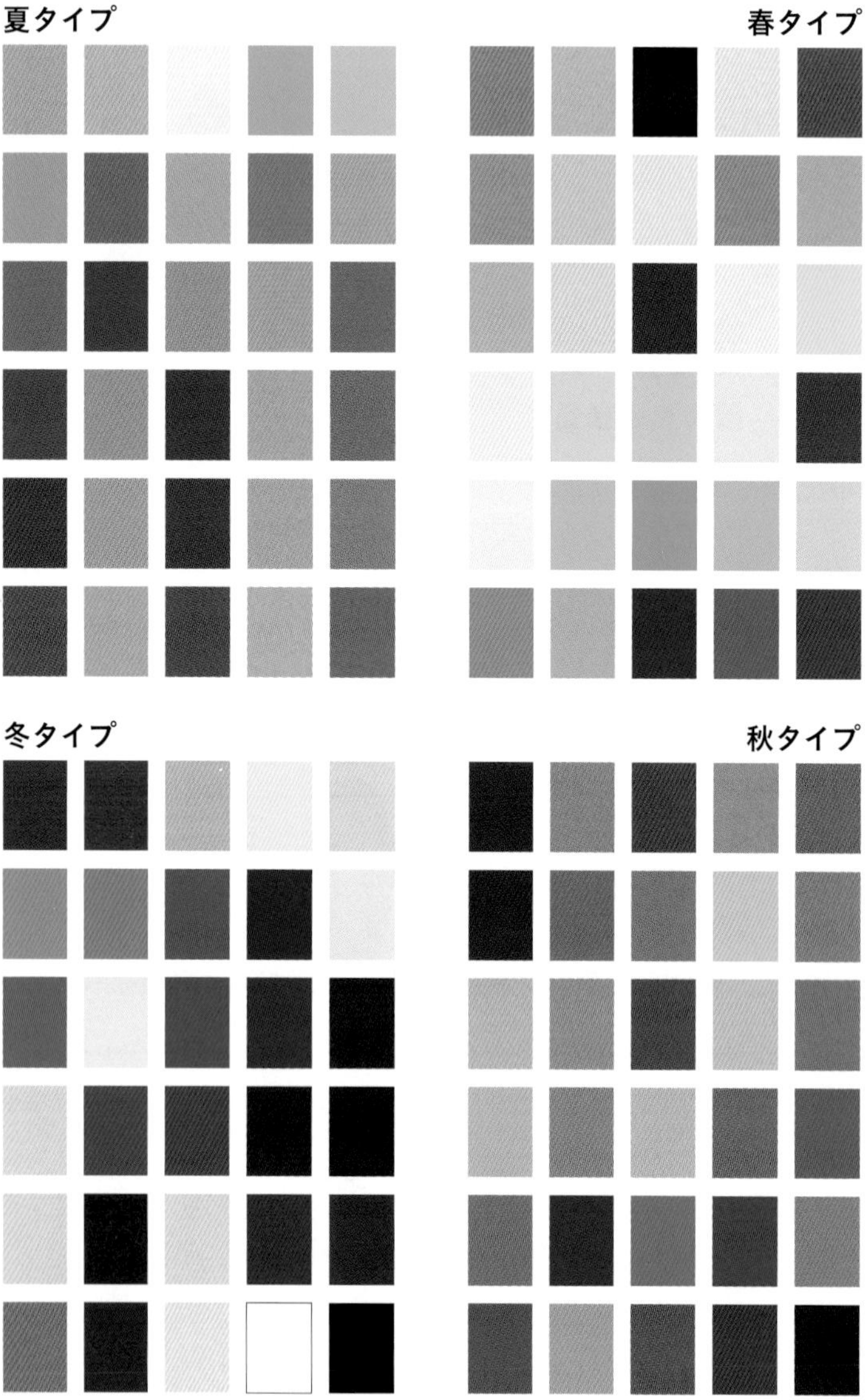

心理学 × 物理学 × 色彩学の
研究でわかった！

なるほど

「色」の
color psychology
心理学

COCOLOR 代表　都外川八恵

SOGO HOREI PUBLISHING CO., LTD

はじめに

皆さまは、「色」についてどんな印象をお持ちでしょうか。

おそらく「なんとなく」捉えている程度で、深く考えてみたことはないという人がほとんどだと思います。それこそ「感覚」の世界であり、センスや感性の一つ、という印象を持っているのではないでしょうか。かくいう私もそうでした。しかし23歳で、色の世界にも物理的な世界やロジックがあるのだ！　ということを初めて知った時の衝撃は、今でも忘れることができません。背中に電気が走り、目から鱗がポロポロと音を立てて剥がれ出す、そんな感覚でした。


当時の私は、社会に出て初めて本当の意味で自分探しをしていました。「私は何のために生まれてきたのだろう？」「何がやりたいのだろう？」「一体何ができるのだろう……？」

その時に出会ったのが「色」だったのです。それこそ感覚やセンスの世界だと思っていた色が、そもそも目に見えている理由や意味、役割や効用・効果を知った瞬間に、「当たり前」に見えている色という現実の世界が、途端に「ありがたい」ものに見え出したのです。私は一瞬にして色に恋に落ち、知れば知るほど色を好きになり、色と一生添い遂げたい＝一生の仕事（志事）にしたい、とまで思うようになりました。まさに「十人十色」の「自分の色」をやっと見つけることができたのです。

色には「物理学」の側面もあります。数値化やグラフ化、「1＋1＝2」と言える世界です。その通りにやれば、必ず効果や結果につながります。感覚やセンスの世界だと「なんとなく」「好きずき」だけで片づけてしまうのは、本当にもったいないことなのです。

先行きが不透明な時代だからこそ、色を味方につけていい結果につなげてほしい。そのような思いから、色の物理学的な側面も改めてお伝えするべく筆を取りました。色のチカラ＝「物理学×心理学＝色彩力学」をお楽しみいただけましたら幸いです。

CONTENTS

第1章 色と五感 ～声・香り・体験でも色を感じている！～

第2章

知らぬ間に誘導されていた!? ～日常に潜む色の仕掛け～

第3章

意外と知らないことだらけ！ ～色のキホン～

第4章

知って得する！　色で操る心理と行動

第5章

パフォーマンスを左右するアレコレ
～「バースカラー」内面・潜在意識編～

第6章

印象を左右する「パーソナル○○」～外面・顕在意識編～

DTP・図表：横内俊彦
本文デザイン：木村勉
装丁：別府拓（Q.design）
校正：池田研一

第1章

色と五感

～声・香り・体験でも色を感じている！～

蛇口の色は温水が赤で、冷水が青である理由

～温かい色と冷たい色～

日常にたくさん潜んでいる、色の不思議や配色理由の数々……あなたはどれだけ知っているでしょうか。まずは、色の雑学から楽しく見ていきましょう。

世界中どこでも、言語の表記がなくても赤い蛇口と青い蛇口があれば、全ての人がお湯と水を識別できるはずです。

暖色系の色を見ると実際に温かく感じ、寒色系の色では実際に冷たく感じます。これを色の「**寒暖感**」と言います。体感温度で約3℃もの違いがあるというデータもあるほどで、目隠しをしていても触らなくても、囲まれているだけで色の違いを感じていることが分かっています。

実験参加者に目隠しをして赤い部屋と青い部屋に連れて行くと、色が見えていなくても、

色に触れていなくても、その空間に囲まれているだけで自律神経のデータが変化したという実験結果も出ています。

後述しますが、色の正体は光であり波長であり、電磁波でありエネルギーです。その差異を体は正直に感じており、それを素直に表現している身近な例が蛇口の色なのです。時代が変わっても、国や人種、性別の違いを越えて共通して感じる色のメッセージと言えます。

盲目だったヘレンケラーは、同じ赤でも「スカーレット（緋色）」と「クリムソン（深紅色）」の違いを区別していた、と自伝で綴っています。あなたも目をつぶって、例えば赤いペンと青いペンを触ってみてその違いを言い当ててみてはいかがでしょうか？　意外と当たることにびっくりすると思います。

引越し屋の段ボールに白が増えている理由
～軽い色と重たい色～

ひと昔前の引越し屋の段ボールは茶色が多かったように思いますが、昨今は、白い段ボールを見かけることが多くなったのではないでしょうか。その理由の一つとして、見た目だけでも軽さを感じさせることで、引越し業者の疲労感の軽減と作業効率のアップを狙った結果とも言われています。色の中でも白は最も軽さを感じさせ、黒は最も重たさを感じさせる色です。これは、色の明度（巻頭カラー図1参照）によって重量感まで違って見える現象で、色の「**軽重感**」と言います。

一方で、白は見た目が軽く見えても、実際に持ってみると意外と重かった。その逆に、黒は見た目が重たく見えても、実際に持ってみると意外と軽かったというギャップを感じたこともあると思います。引越し屋の段ボールではないですが、例えばスーツケースやカバンを購入する時の色選びにも活用できます。高明度（明るい）の色と低明度（暗い）の色、あなたはどちらを選びますか？

話は少し変わりますが、太っているのを気にしている人が低明度の暗い色ばかり着たがる心理について。確かに低明度の色は収縮して見えるのですが、同時に重量感も感じさせやすいため注意しましょう。黒い塊に見えないように、高明度の明るい色を身につけた方がかえって軽快さを演出できて素敵に見える場合があります。

例えば、下半身の太さを気にしている場合には、あえてボトムスや靴を明るい色にして足元を軽快にし、明るく鮮やかな色柄をトップスに持ってくることで、視線を上部に集め、気になる下半身から視線をハズす、などというテクニックです。

また、高明度の色は安さや気軽さや手軽さを感じさせ、低明度の色は高級感やプレミア感といったイメージに繋がりやすくなります。そのため、高明度の方が軽快でカジュアルな印象を与え、低明度の方が重厚でフォーマルな印象を与えやすいです。

上部に高明度、下部に低明度では、上から明るく降り注ぐ太陽光のような自然界でも見慣れた日常的な配色になるので、安心感や安定感を与え、反対にすると不安感や不安定感を与えます。照明は上から当てると自然に見えますが、下から当てると不自然に見えるのはそのためです。

一方で、飲食店やエンターテインメントの空間では、下から照明を効果的に当てることで非日常的な空間を演出しています。

ファッションにおいても同じです。トップスに高明度、ボトムスに低明度の色を用いると安心感のあるフォーマルな印象になりやすいですが、トップスに低明度、ボトムスに高明度だと違和感を持ちやすいので、配色を逆に戻そうとする人間の恒常性による復元力が生まれます。それにより配色に動きが生まれ、ダイナミックでカジュアル、スポーティな印象になります。スポーツのユニフォームなどにこの配色が多く使われている理由でもあります。

色の明度

- 高明度＝白に近い明るい色
- 低明度＝黒に近い暗い色

ベビー用品に明るい色が多い理由

～軟らかい色と硬い色～

赤ちゃんは明るい色や鮮やかな色、コントラストのはっきりしたものが大好きです。脳を刺激しやすく、発達段階において欠かせない色だからです。

それとは別の意味で、ベビー用品に明るい色が多い理由に、**明るい色は軟らかさを感じさせやすい**ということが挙げられます。その逆に、**暗い色は硬さを感じさせやすい**です。

色の明度差によって触覚まで違って見えることを色の「**硬軟感**」と言います。生まれての軟らかな肌には、やはり同じように軟らかい生地を当ててあげたいと思うように、色も軟らかさを感じるような明るい色をあててあげたいと思うのは自然なこと。五感と色は切っても切り離せない関係なのです。

ハレの日やお祭り事に派手な色が使われる理由

～派手な色と地味な色～

色は高彩度（鮮やか）になるほど派手に感じさせ、低彩度（穏やか）になるほど地味に感じさせます。高彩度の中でも特に「暖色系」の方がより派手さを感じ、低彩度の中でも特に「寒色系」の方がより地味さを感じます。

高彩度・低彩度（巻頭カラー図1参照）によって感じ方が異なることを色の「**派手地味感**」と言います。

「ハレとケ」という言葉がありますが、「晴れ着」という言葉もあるように、ハレは非日常のお祝い事などを指し、ケは日常のことを指します。高彩度になればなるほど気持ちが高揚することから、ハレの日やお祭り事にはそれにふさわしい派手な色がよく使われます。

日本のケの色は、自然界の四季折々の植物から染めた、渋さや落ちつきのあるナチュラルで「素朴な色」が多いですが、その一方で、ハレの日やお祭り事では、晴れやかな「極彩色」を楽しむ文化もあります。気持ちのオンとオフを切り替えて、日常も非日常も色で楽しむ日本古来の色彩文化です。

また、第5章で説明するバースカラーの一部に「ファミリーカラー」という色もあります。

日本の伝統色から、その家族にとって相性のいい「ハレ」の色と「ケ」の色を出すことができます。前者はお客さまを招き入れる玄関やリビング、客室などの表舞台に。後者は裏舞台の洗面所やトイレといった水回りに用いると効果的です。ハレとケ、オンとオフを日常の中でも上手に切り替えれば、家が家族にとってのパワースポットになります。

色の彩度

●高彩度＝鮮やかな色
●低彩度＝穏やかな色

ファストフードに高彩度の暖色系が使われる理由

〜興奮させる色と鎮静させる色〜

色は高彩度になるほど興奮感を与え、低彩度になるほど鎮静感を与えます。高彩度の中でも特に「暖色系」の方がより興奮を感じ、低彩度の中でも特に「寒色系」の方がより鎮静を感じさせます。高彩度・低彩度によって感じ方が異なることを色の「**興奮鎮静感**」と言います。

ファストフードに高彩度の暖色系が多いのは、脈や唾液の分泌を活発にして食欲を増進させるという狙いの他に、時間の経過を早く感じさせることにより回転率を上げる狙いもあります。

また、「SALE」のサインなどにも高彩度の暖色系が多用されているのには、興奮させることで購買意欲に結びつける狙いがあります。ハレの行事やお祭り事に高彩度の暖色系が多く使われているのも、闘牛シーンで赤い布が使われているのも、空間をより盛り上げる演出効果があるためです。

一方で、低彩度の寒色系は鎮静効果が期待できるため、落ち着いて作業するために会社のインテリアなどで多用されています。昨今では、自然界にあるような高彩度でも低彩度でもない中彩度で、暖色でも寒色でもない中性色のグリーン系や、ウッド調のインテリアがトレンドです。自然界に近い色空間で、より自然体に作業することを目的としています。

また、会議室ごとにインテリアのテーマカラーが異なり、その日の会議の目的や気分に応じて使い分けているという企業もあります。ただ、パフォーマンスが上がる色も落ち着く色も本当は人によって違うので、その人に合った色を、目的と用途に応じて使い分けるのが最適です。

最近ではフリーアドレスのオフィスもトレンドですが、椅子もさまざまな色があって、その日の気分に応じてどこに座るかを自由に決められるという会社もあります。

声や香りで色を感じる!?
～五感と色の深い関係～

色は視覚で捉えているだけでなく、実は五感全体で感じ取っています。また、五感はそれぞれ独立した器官ですが、全て密接に連動しています。

好意のこもった高い歓声などを「黄色い声」と言ったり、ダークな感情の乗った低い声を「どす黒い声」などと言ったりします。さらには声や音を聞くとイメージの色が見える（**色聴**《しきちょう》）人や、感じた味や香りに付随する色が見えるという人もいます。また、文字や数字に色がついて見える（**色字**《しきじ》）人もいます。

多かれ少なかれ誰もが五感で何かを感じ取っていますが、その連動性が特に強いという人がいるのです。

ある一つの刺激に対して、通常の感覚だけでなく異なる種類の感覚が併せて生じる現象を「**共感覚**」（**シナスタジア**）と言います。共感覚にはさまざまなタイプがあり、これまでに150種類以上の共感覚が確認されています。23人に1人は共感覚を持っているというデータもあります。

感じやすい・感じにくいに関わらず、一般的にこの五感の連動性は大事にしていきましょう。人は口に入れるものや肌につけるものには敏感なので、特に食品系や香り商材系は、商品とパッケージの色のイメージの連動性を保った方が、多くの人に受け入れられやすくなります。一方でこの連動性が切れてしまうと、途端に違和感を持ちやすく、購買につながりにくくなるので注意が必要です。違和感から誘目性（78ページ参照）につなげる手法もありますが、その場合は、よほどのチャレンジスピリッツと理由あっての戦略が必要になります。

（例）緑茶はグリーン系の色、麦茶やほうじ茶は茶系、紅茶は赤系、レモンティーは黄色系、ミルクティーは白系など。これらの連動性がバラバラになると途端に違和感を持ってしまいます。

食べ物のおいしさは色で決まる⁉

～味覚と色～

五感のうち視覚は約83％で、そのうち色の情報は約8割以上と言われています。食べ物は舌だけではなく目で味わっている部分もかなり大きく、**食事の際、五感の中で最もよく働いているのは、実は味覚（味）でも嗅覚（香り）でもなく、視覚（見た目）**です。

食材の中では、もともと数が多いこともあるのか、一般的に暖色の食材の方がおいしそうに見えると言われています。関連してレストランなどでは、白熱電球のような温かみを感じる照明光がよく使われています。暖色系の食べ物をおいしそうに見せるのはやはり暖色系の照明だからです。

また、暖色系の中でも、色が濃いとなおさらおいしそうに見える傾向があります。卵の殻も、白とベージュがあればベージュに手が伸びてしまいます。卵の黄身も同じで、薄い色よりは濃い色の方がなんとなく栄養価が高く、味が濃くておいしそうに感じます。ただし、好みや人種の違いなども関係するようです。

一方で、カレーライスのルーが青かったらどうでしょう。考えただけでも食べる気がしなくなると思います。自然界の食材に青い色はほとんど存在しないため、見慣れていないぶん違和感があるのです。それに私たちはおいしい味の記憶と共においしい色も記憶しているので、その結びつきが崩れると途端に違和感を持ち、食欲を失ってしまいます。特に人間は口に入れるものに関してはとても敏感なので、**味覚と色の関係はなおさら密接**なのです。

(例) 辛味＝赤や黒系、甘味＝うすい黄色やピンク系、塩味＝青系、酸味＝黄色系、苦味＝茶色系、うま味＝橙系など

また、実験参加者に目隠しをして生のジャガイモを食べてもらい、それが何かを当ててもらうという実験があります。「リンゴ」「柿」「梨」といった驚きの答えがいくつも出たそうです。見た目を抜きにすると、人間の舌はそれほど信頼できるものではない、と言え

る結果です。

別の実験では、全く同じ味のコーヒーを、いろいろな色のボトルに入れて試飲させたところ、同じ味であるにも関わらず、ボトルの色によって評価が変わったというデータもあります。また、白ワインに赤い着色料を混ぜただけで、無味無臭で味も匂いも変わらないはずが、赤ワインの香りや味に例えるソムリエの卵が多くいたという実験結果もあります。

そして夏の屋台に並ぶ色とりどりのかき氷。有名になりつつありますが、いちごにレモン、メロンにブルーハワイ……実はどれも同じ味なのです。私たちは、色に騙されて、**色で味を感じ取っている部分もある**のです。とすると、彩り豊かで綺麗な盛りつけにさえすれば、多少の料理ベタもごまかせるかもしれません。

色に対しても好き嫌いがあるのはなぜ？

食べ物や人間関係の好き嫌いは誰しもあると思いますが、色でも同じことが言えます。目に見えない波長の肌感覚や相性を無意識に感じ取っているのです。人間同士でも、波長が合う・合わないと言いますよね。

また、成功したり褒められたりといった、快感を伴う経験や体感とつながることでその色が好きになり、反対に、失敗したり嫌な思いをしたりといった不快な経験や体感とつながることでその色が嫌いになります。

色の好みは経験や体感から得た出来事で変化していくので、色に付随する感情が好みを分けていると考えられます。人それぞれ色に伴う経験や体感は違うので、色の好き嫌いが異なるのはある意味当たり前です。同じ人でも重ねる経験や体感により、好きな色を嫌いになることもあれば、嫌いな色を好きになることもあります。

いずれにしても、色に好き嫌いの偏りがあるのはとてももったいないことです。食事の栄養バランスと同様に、色のバランスが崩れてしまいます。どの色も生きていくために必要だから見えている、ということを考えると、どの色も楽しむ環境が、心と体の健康バランスを保つ秘訣です。

例えば、自然界の美しい虹色を見た時。大人も子どものようにワクワクしたり、気持ちが晴ればれしたり、「何かいいことが起きそう！」と心踊りますよね。これは、名実ともに理にかなっています。

虹色のエネルギーを光でチャージすることで、心も体も一気にバランスが整います。食材で言うと、一瞬で必要な栄養素をチャージできる完全栄養食のようなものです。虹色は目に見えなくとも、太陽光の中に含まれているので、落ち込んだ時ほど朝のフレッシュな太陽光を一瞬でも浴びるといいです。自分の悩んでいることが小さく見えてきたり、「なんとかなる！」という気持ちになれたりします。

色の好みは本当に性格を表すの？

あなたが普段何気なく手にしている物には、どんな色が多いですか？　気がつくと同じ色の物ばかり持っているということもあるでしょう。

好きな色や嫌いな色には、その人の性格や心理状態が反映されていることがほとんどです。その人の経験や体感で好き嫌いが決まるとお伝えしましたが、それらが性格や現在の心理状態を作っているということにも繋がるためです。つまり、色の好みでその人の性格や心理状態が大体分かってしまいます。

好きな色は、「なりたい自分」など無意識の願望の表れと言われています。逆に**嫌いな色は、「認めたくない自分」や「なりたくない自分」などの深層心理の表れ**と言われています。

色の好みで分かる!? 性格タイプ

●**赤が好きな人**……積極的でリーダーシップを取れる目立ちたがり熱血漢がたまにキズ。赤を避けたい時は気力ややる気を少し失っているのかもしれません。

●**オレンジが好きな人**……明るくて親しみやすく、元気で社交的でポジティブおっちょこちょいがたまにキズ。オレンジを避けたい時は1人になりたい時なのかもしれません。

●**黄色が好きな人**……明るく、好奇心旺盛で、ユーモアたっぷりな表現家独占欲が強いのがたまにキズ。黄色を避けたい時は夢や希望よりも現実的になっているのかもしれません。

●**緑が好きな人**……控えめで謙虚、協調性があり礼儀正しくきちんとした人人がよすぎるのがたまにキズ。緑を避けたい時は、自分を理解してほしいと思っているのかもしれません。

●**青が好きな人**……冷静で真面目で我慢強く、芯と理性のあるしっかりものの努力家融通がきかないのがたまにキズ。青を避けたい時は、どこか虚しさを感じているのかもしれません。

●**紫が好きな人**……感受性や美意識が高く、ミステリアスなロマンチスト
捉えどころがなくお高く止まっているように見えるのがたまにキズ。紫を避けたい時は、疎外感を感じているのかもしれません。

●**白が好きな人**……きちんとしていて完璧主義、素直で意志が強いきちんとした人
潔癖すぎると思われるのがたまにキズ。白を避けたい時は、自己解放して自由になりたいのかもしれません。

●**黒が好きな人**……プライドが高くて頑固でクール
心を開くまでに時間がかかると思われるのがたまにキズ。黒を避けたい時は、刺激を求めているのかもしれません。

第2章

知らぬ間に誘導されていた!?

～日常に潜む色の仕掛け～

見た目の8割以上は色で決まる!?

諸説ありますが、人が情報を得るのは、**五感のうち視覚が約83%**ということを聞いたことがあると思います。では、その視覚（見た目）のうち、色の情報は一体何%を占めると思いますか？

実は視覚情報のうち、**色の情報は約80%以上を占める**と言われています。

五感全体の約66%（約7割）は軽く上回る計算になります。**五感の半分以上は色**が占めているのです。

この事実をあなたはどのように受け止めますか？　約66%の情報を「好み」や「センス」だけに頼っていいのでしょうか。「なんとなく」や「薦められたから」で決めていいのでしょうか。

五感における知覚の割合

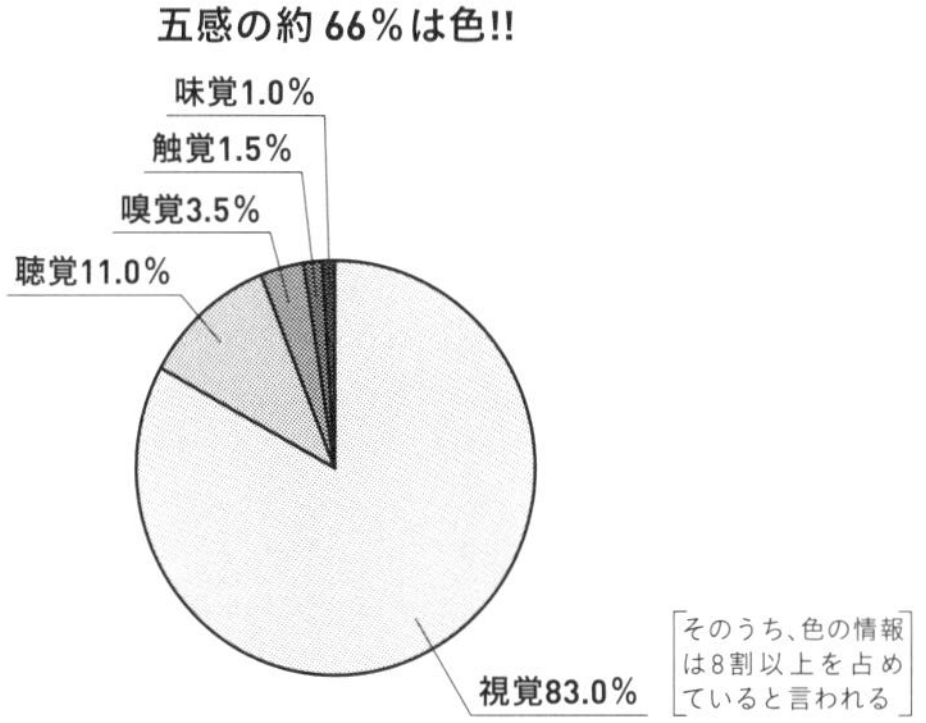

『産業教育機器システム便覧』(教育機器編集委員会編 日科技連出版社 1972)より

この世は全て色の世界です。寝ても覚めても感じている色のエネルギーに、知らぬうちに心も体も、意識も無意識も、プライベートもビジネスも、売上も人生も左右されています。あなたにとって結果の出る色のロジックを生かすことができれば、いい効果が得られるはずです。

色を制すは、ビジネスを制す。

色がキマれば、人生がキマります。

錯覚は色が8割！　私たちは色で騙されていた

錯覚はもちろん、「見た目」に対しての現象です。視覚のうち色の情報は8割以上ということを考えると、形などの錯覚もたくさんありますが、色によるものがほとんどだとも言えます。ここで、色による錯覚で有名な「**対比と同化**」について説明します。

早速ですが、次ページの図をご覧ください。

【右】

対比：グレー（図色）に注目してください。白（地色）と組み合わされたグレーは暗く見え、黒（地色）と組み合わされたグレーは明るく見えます。

【左】

同化：背景のグレー（地色）に注目してください。白（図色）を挿入したグレーは明る

同化現象・対比現象

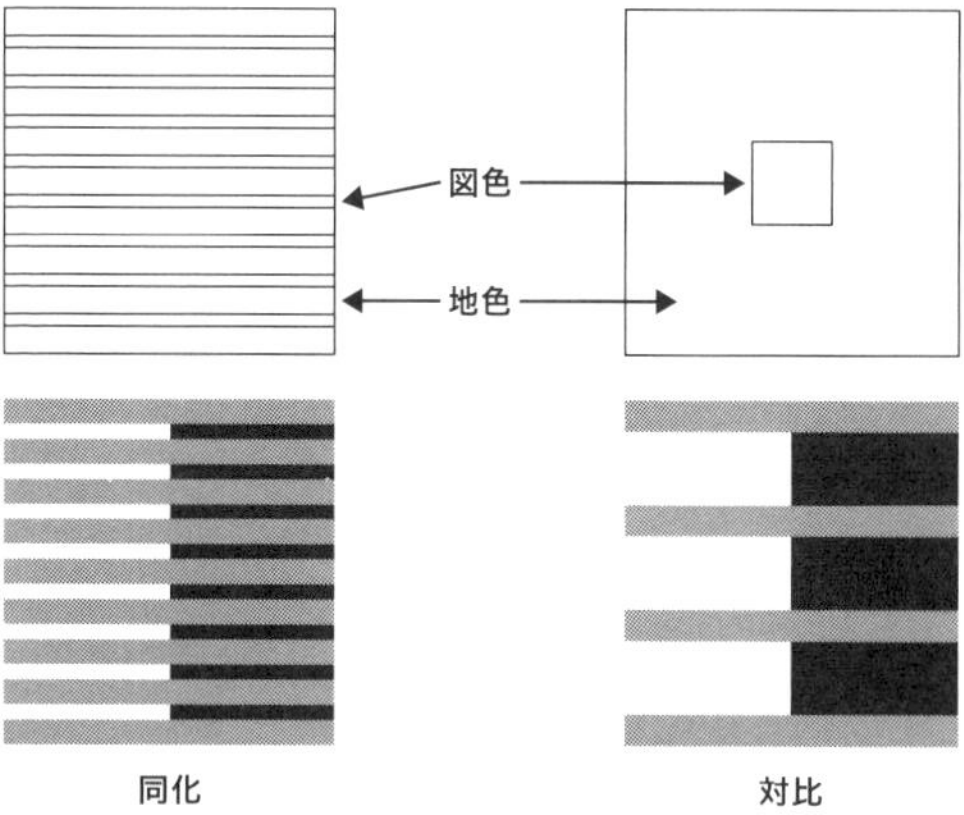

く見え、黒（図色）を挿入したグレーは暗く見えます。

このように、同じ色でも組み合わせた色によって色が変わって見えてしまうのです。その対比や同化にも種類があるので、詳しく見ていきましょう（巻頭カラー図2参照、次項目「対比現象」「同化現象」参照）。

対比現象

図色の見え方が、組み合わされる地色によって違って見える錯覚。小さい「図色」は、大きい背景である「地色」に囲まれると、図色は地色から「離れる」ようにして見えます。

●**色相対比**：色相（色み・巻頭カラー図1参照）が離れて見える…同じ図色でも、赤みの地色に囲まれると緑みに、緑みの地色に囲まれると赤みに見えます。

●**明度対比**：明度（明るさ）が離れて見える…同じ図色でも、明るい地色に囲まれると暗く、暗い地色に囲まれると明るく見えます。

●**彩度対比**：彩度（鮮やかさ）が離れて見える…同じ図色でも、鮮やかな地色に囲まれると鈍く、鈍い地色に囲まれると鮮やかに見えます。

同化現象

地色の見え方が、組み合わされる図色によって違って見える錯覚。大きい背景である「地色」に、細い＆細かい「図色」が挿入されると、地色は図色に「近づいて」見えます。

●**色相同化**：色相（色み）が近づいて見える…同じ地色でも、赤みが挿入されれば赤みに、緑みが挿入されれば緑みに見えます。

●**明度同化**：明度（明るさ）が近づいて見える…同じ地色でも、明るい色が挿入されれば明るく、暗い色が挿入されれば暗く見えます。

●**彩度同化**：彩度（鮮やかさ）が近づいて見える…同じ地色でも、鮮やかな色が挿入されれば鮮やかに、鈍い色が挿入されれば鈍く見えます。

緑茶のパッケージに赤色が使われている理由

～補色による彩度対比～

緑茶のパッケージにはグリーン系の色相が多く使われていますが、それ以外にも必ずと言っていいほどよく組み合わせられている色があることをご存知ですか？

その答えは「赤」です。緑と赤は、ほぼ明度が一緒で「**補色**」に当たる関係ですが、明度が近い逆の色相の色をあえて少し入れることで、お互いの彩度を引き立て、より鮮やかに、より艶やかに見せる効果があります。この場合は、赤を入れることで緑の色相をより鮮やかに、かつ艶やかに見せています。その他、グリーンサラダにトマトを添えると緑の野菜がより鮮やかに見えることなどが挙げられます。

また、赤身の刺身や肉に緑の葉を添える・赤のトマトパスタやピザに緑のパセリやバジル、ルッコラを添えるとおいしそうに見えるのもそのためです。同じ面積だとケンカし合う関係も、面積比の強弱をつけるだけで錯覚を生かした関係に変わります。

ちなみに、青果コーナーで売られている緑の野菜を束ねるために、よく紫のテープが巻かれていますよね。緑と紫も補色に近い関係であるためです。

しかし、明度が近い補色同士を同面積で組み合わせると、途端にケンカが始まります。お互いの彩度を強め合いすぎて、ギラギラとして見えるハレーションが起きてしまうのです。

明度の近い補色同士を組み合わせる場合には、どちらかの色の彩度を抑えたり、面積の差がつくように工夫したり、色と色の間に距離を空けたり、別の色を挿入したりするなどの工夫が必要です（巻頭カラー図3参照）。

手術着や手術室の壁の色に青緑が多い理由

〜補色残像〜

手術着や手術室の壁の色は、白ではなく薄い青緑が多いですよね。その理由は、心理的に補色（**心理補色**）が見えるという「**補色残像**」を回避するためです。心理捕色とは、例えば、じっと鮮やかな赤を凝視し続けた後に白い部分に目を移すと、今まで見ていた赤とは反対の青緑が残像として見える現象のことです。

ある一定時間同じ色を凝視すると目が疲れてくるため、その反対の色で調整しようとする、人間の優れた恒常性によるものです。明るすぎる光を直視した後に、暗く黒い残像が目に残るのもそのためです。手術中などは、このような残像が見えてしまうと集中の妨げになってしまうので、あらかじめ手術着や手術室の色を薄い青緑にしておくことで、赤い血を凝視した後に起こるであろう青緑の残像を吸収できるような環境を整えているのです。

余談ですが、産婦人科や小児科の看護師が着る看護着にピンク色が多いのは、母親の子宮の色に近い色に赤ちゃんや子どもを安心させる効果が期待できるためです。また、刑務所の独房の色をピンクに変えたことで、気性の荒さを和らげられたという報告もあります。

ちなみに、137ページで紹介するPCCS色相環で真反対の位置にある補色は、補色残像の見える心理補色の関係になっています

また、心理補色とは別に**物理補色**（物理的に捕色になる関係）というものもあります。
例えば、色光の三原色（RGB）と色料の三原色（CMY）（詳しくは66ページ参照）

- RとC
- GとM
- BとY

の三組は共に物理補色の関係ですが、加法混色の世界では、お互いに混ぜると「白」になり、減法混色の世界では、お互いに混ぜると「黒」になります。

同じ物理補色のペアの色でも、光の世界とそうでない世界では、混色結果が変わるのは興味深いですよね。

色黒な人の歯がやけに白く見える理由
～明度対比～

黒く日焼けをした人の歯がとても白く見えたり、着ている白いシャツが白光りして目立って見えたりした経験はありませんか？　また、地黒な人の手のひらが、やけに白く見えることはありませんか？

それらは「**明度対比**」という現象で、小さい図色は、大きな背景色の地色が暗くなればなるほど明るく見える対比効果です。うまく使えば、フードやハットをかぶった時の顔色を明るく見せたり、背景色によりディスプレイの商品を明るく目立たせたりすることも可能です。

一方で、トップスに濃く暗い色を着るほど、肌の色が艶っぽく見える人がいますよね。

これも一つの見せ方&テクニックの例です。**錯覚も賢く用いれば、自分や商品といった対象物の見せ方をいくらでもいい方向に変えることができる**のです。

※もともと濃く暗い色素の人や日焼けしている人は、白や明るいシャツを着るとシャツが目立ち、浮いて見えてしまう可能性もあります。その場合は、濃く暗い色を用いることで、肌艶や第一印象の存在感を上げられます。服が主役ではなく、自分が主役になる見せ方です（詳しくは第6章）。

寿司桶や惣菜弁当の容器に黒が多い理由
～明度対比＆彩度対比～

寿司を盛りつける寿司桶に黒が多く使われている理由をご存知ですか？　それは、背景の地色を黒にすることで、図色であるシャリの明るさや艶を際立たせ（明度対比）、またネタの色みを強く際立たせ（彩度対比）、新鮮でおいしそうに見せるシズル効果があるためです。

寿司桶の色が白ではシャリや白っぽいネタと同化してしまいますし、赤でも赤身と同化してしまいます。赤身のネタを映えさせるには緑も効果的ですが、笹の葉やバラン（添えられているプラスチックの葉）ほどの面積で十分です。惣菜弁当のプラスチック容器に黒が多く用いられているのも同じ理由からです。黒は合わせて高級感を演出することにも役立っています。

話は少し変わりますが、どれも同じようなダークなカラーバリエーションから、一つの色を選ぶのに悩んだことはありませんか？

例えば、ヘアカラーの色みの違い・アイブロウやアイライナー、マスカラの色みの違い・ダークな色が多いスーツの色みの違いなどです。

選びやすいように、これらの色みの違いを際立たせるには何色の背景が効果的なのでしょうか。答えは、商品と明度差を感じさせない「同明度の色」や「黒」です。明るい背景色にしてしまうと、背景色と商品の色の明度差で「明度対比」ばかりに気を取られ、肝心な色相のカラーバリエーションに目がいかなくなってしまうのです。**明度差を極力なくせば、「色相差」に視線を注目させることができます。**

その逆に、明るくてごく薄いパステルカラーやシャーベットカラーの色みの違いを際立たせるには、その商品と同明度に近い明るい白やグレーの背景色がオススメです。

ミカンのネットが赤、オクラのネットが緑の理由
～同化効果～

必ずと言っていいほど、ミカンは赤いネットに、オクラは緑のネットに、玉ねぎはオレンジのネットに、ニンニクや椎茸は白のネットによく入れられていますよね。不思議に思ったことはありませんか?

これらは「色相同化」の効果を狙っている結果です。色づく前に収穫されるミカンは赤いネットに入れることで、赤く熟れておいしそうに。足の速いオクラは緑のネットに入れることで、いつまでも青々と新鮮に見せることができるのです。**実物よりも鮮やかな色のネットに入れることで、対象物をより艶やかに見せる「彩度同化」**の効果も狙うことができます。

ちなみに、ニンニクや椎茸は白いネットに入れられていますが、これは「かさ」の裏の部分を白く綺麗に見せる「明度同化」を狙っています。商品を入れるネットの色一つで、いかようにでも見せ方を変えることができるのです。

その他にも例えば、同じレンガやタイルの色でも、接合部の目地《めじ》の色を変えるだけで、レンガやタイルの見え方の印象が異なります。当然、白などを入れれば全体的に明るく見えますし、グレーなどを入れれば落ち着いた印象になります。

肌に身につけるレースや編みタイツなども同じことが言えます。明るい色にすれば肌は明るく見えますし、暗い色にすれば暗く見えるのです。

信号機が赤・青・黄色である理由

〜進出する色と後退する色〜

世界中どこへ行っても信号の赤は「止まれ」で、青は「進め」です。

暖色系は色（光）の波長が長い分飛び出して見えるので（**進出色**）、私たちの目に届きやすく、早く気づいてもらえる確率が高いのです。赤い車は事故率が低いというデータもあるほどで、相手のドライバーが早く気づくことで対処できているのでしょう。

反対に、短波長である寒色系は波長が短い分、遠のいて見えます（**後退色**）。また、飛び出して見える暖色系は「**膨張色**」でもあり、遠のいて見える寒色系は「**収縮色**」でもあります。

実は、信号の順番にも決まりがあります。左側通行の日本では、左側にポールがくることが多いです。たとえ街路樹が生い茂っていたとしても、大事な赤信号が見えなくなることのないように、最も大事な「止まれ」の赤が一番右、「注意」の黄色が中央にあるのです。人々の安全を保つ工夫が、色を用いる位置でなされています。ちなみに、「進め」の青は実際には青緑~緑系ですが、それを青信号と呼ぶのは日本古来からの慣習です。

進出色・後退色は、インテリアにも応用することができます。例えば、壁一面のアクセントカラー。広すぎて間延びするような空間の場合は、進出色である暖色系の方が、全体が引き締まります。反対に狭すぎて圧迫感のあるような空間の場合は、後退色である寒色系の方が、圧迫感が和らぎ開放的な印象になります。

ファッションやプロダクトに応用する場合も、飛び出して見せたいところには暖色系、引いて見せたいところには寒色系を意識して用いればいいのです。色だけで、形の立体感や奥行きといったメリハリを作ることができます。

囲碁の碁石の大きさが白と黒で異なる理由
～膨張する色と収縮する色～

囲碁の碁石は、白と黒で大きさが異なります。言わずもがな、**最高明度の白は最も膨張して見え、最低明度の黒は最も収縮して見える色**であるためです。高明度・低明度によって大きさまで違って見えることを、色の「**膨張収縮感**」と言います。

白と黒の碁石が並んだ時に、白の方が大きく見えることで優勢に見えてしまわないように、また白と黒が同じ大きさに見えるよう、規格で大きさが決められています。白の直径は21.9ミリ、黒の直径は22.2ミリ。その差は0.3ミリです。厚さは号数によってさまざまですが、どれも黒の方が0.6ミリほど大きく作られています。

同じ白と黒でも、オセロの場合は表裏になっているので同じ大きさですが、比べてみるとやはり白の方が大きく見えてしまいます。

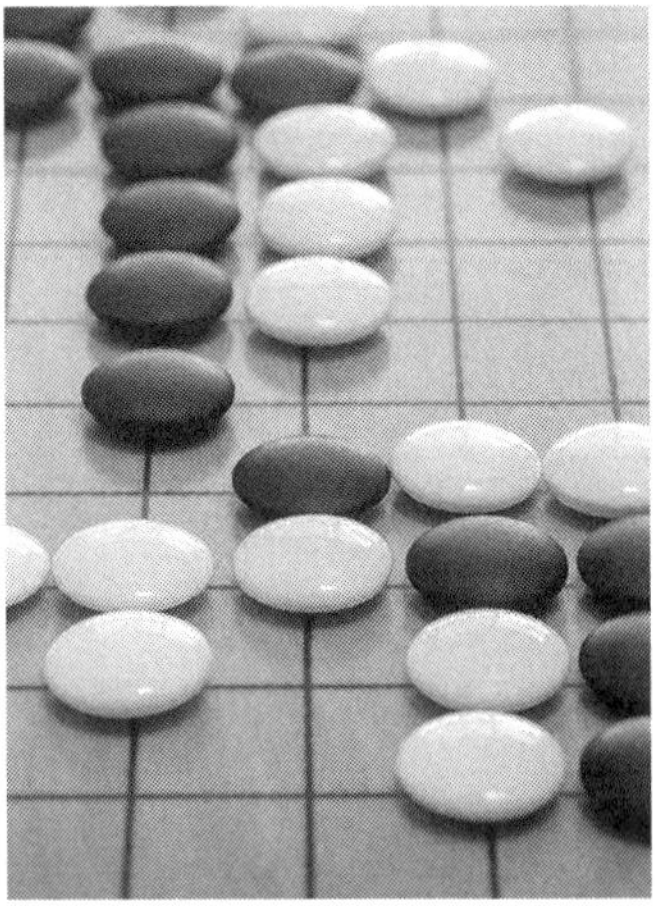

話は変わりますが、フランス国旗のトリコロールは、実は等面積でない場合があります。赤は膨張して見える分、少し面積を控えめに。青は収縮して見える分、少し面積を大きめに。中央に位置している最高明度の白は、色の中で最も膨張して見える色なので、面積は最も控えめにすることで等間隔に見えるように調整しています。

ちなみに、高明度の色の方が低明度の色よりも膨張して見えるのは、色（光）の振幅（波の高さ）の大きさの差が影響し、寒色系よりも暖色系の方が膨張して見えるのは色の波長（波の長さ）の差が影響しているためです（113ページ図参照）。

視線も色で誘導できる!?
〜配色を生かした陳列効果〜

人の視線は「左から右へ」「上から下へ」と流れる習性があります。**色の場合は「暖色系から寒色系へ」「高明度から低明度へ」「高彩度から低彩度へ」と流れていく傾向があります**。この二つの性質を合わせて利用し、売り場で商品の陳列をすることで視線を綺麗に、満遍なく全体へと誘導できます。

アパレルショップを例に考えてみましょう。洋服を吊るして陳列している場合、店舗の入り口には暖色系・高明度・高彩度で視線を集めておいて、店舗の奥の方へと行くにつれて寒色系・低明度・低彩度と視線を流していく。

畳んで陳列している場合は、上の方に暖色系・高明度・高彩度の服を置き、下の方に行くにつれて寒色系・低明度・低彩度と視線が流れるように配置を工夫するなどです。

特に目立たせたい色の商品がある場合はこの限りではなく、その色を前面や全面に持ってきたり、あえてその色が目立ちやすいように背景の色を戦略的に選んだりする場合もあります。

そのように並べられた綺麗な色相や明度、彩度のグラデーションは見ていても心地よく、快適な売り場環境を作ることにも一役買います。グラデーションは空の移ろいや紅葉の移ろいなど、自然界によく見られる配色ですが、世界中の人が好みやすい配色の一つとなっています。

この手法は、大自然の調和に倣った手法ですね。

スタイリングでも使えます。

●暖色系・高明度・高彩度の視線を集めやすいものは自分の「チャームポイント」に
●寒色系・低明度・低彩度の視線を集めにくいものは自分の「ウィークポイント」に

積極的に使用することで、視線をうまく集めたり、回避したりすることができます。

色の話題からは少し離れますが、人はキラキラ・ユラユラ・スケスケ・ふわふわとしたものに注目しやすく、また、無地よりもインパクトのある柄物に注目しやすいです。これらの習性も、色と合わせながら積極的に活用してください。

実際の色と記憶された色は違う!?
～記憶色と色記憶～

人間の記憶ほど、当てにならないものはありません。**人間は実際の色よりも「明るく」「鮮やか」に記憶する傾向があります。**

例えば、分かりやすいのが色鉛筆やクレヨンなどに含まれるベージュや水色で、かなり明るく鮮やかに色再現されています。人間の記憶の色に合わせて作った方が「好ましい」と感じやすいため、写真や印刷、テレビ画面やモニタ画面などの色も、あえて高明度かつ高彩度に調整されている場合がほとんどです。

記憶色というのは、「リンゴや太陽といえば赤」といったように熟知した対象物について記憶している色のことです。ただ、欧米ではリンゴといえば青リンゴ、太陽といえば黄色やオレンジをイメージする人が多く、母国の緯度や瞳の色、文化などの違いが関係しています。いずれにしても、記憶色は対象にとって好ましく感じられるように記憶されたり、基本色相（赤・黄・緑・青）にズレて記憶されたりする傾向があると言われています。

その一方で、「**色記憶**」というのは、例えばある色を実験参加者に提示し、意識的に記憶した色のことです。この場合、明度と彩度については記憶色と同じような結果になりましたが、色相についてはほとんど差異がないという実験データが得られています。

「記憶色」と「色記憶」。いずれにしても実際の色よりも「明るく鮮やかに記憶される」ということについては変わりありません。手に取ってみたら思っていた色と違った、ということにならないためにも、あらかじめ頭に入れておきましょう。

さらには、同じ色にもかかわらず、あらゆる要素によって見え方が大きく変わってしまうこともあります。次で詳しく説明します。

照明や見る環境によって色が変わる!?
～照明と色の深い関係～

色の認知の経路は、①どのような光が物体に当たって（**入射光**）、②どのような光が物体から透過されたり（**透過光**）反射されたり（**反射光**）するかによって、どのような光が私たちの目に届くかが決まります。そして③私たちの目の感度や、脳や心の状態で色の見え方・感じ方が変わってきます。①と②は物理的にコントロールできる世界であり、どのような照明光を当て、光をどのような角度や条件で物体に当てるのか、といった環境次第で色の見え方はいかようにも変わってきます。そのため、色の学びに照明の学びは欠かせません。

例えば、全く同じ商品やインテリアでも、照明の種類や当て方一つで見え方や雰囲気、印象を大きく変えることができます。簡単に言うと、**暖色系を美しく見せるのは暖色系の**

光、寒色系を美しく見せるのは寒色系の光です。

人工照明の色は、一般的に電球色・温白色・白色・昼白色・昼光色の5種類です。蛍光灯として販売されているのは、電球色・昼白色・昼光色が多いです。次のような名称や色温度の単位が商品に記載されているので、チェックしてみてください（光の色みの違いは「色温度」単位K（ケルビン）で表します）。

①**電球色**：色温度約３０００K
温かみのあるオレンジっぽい色で、リラックスしたい場所にオススメです。料理をおいしく見せる効果もあります。

②**温白色**：色温度約３５００K
日の出約1時間前や夕方の太陽光に近く、落ち着いた明るい雰囲気の光です。

③**白色**：色温度約４２００K
日の出から約2時間後の太陽光に近く、白っぽい自然な光です。

④**昼白色**：色温度約５０００K
正午前後の太陽に最も近い自然な光の色で、生き生きとした雰囲気でどのような部屋に

もマッチします。明るすぎるようなこともありません。

⑤昼光色：色温度約6500K

青みがかった白を感じる明るい色で、細かい部分がはっきり見えるので、作業スペースにオススメです。覚醒させたり集中力を高めたりする効果があります。逆に言えばよく見えるので、目や脳が疲れやすいことも。脳を覚醒させる効果もあるので、寝室やリラックスしたい場所には不向きです。

照明Aの下では同じ色に見えていた二つの商品も、照明Bの下で見たら違う色だった、ということもよくあります。

このように、物理的には違う色でも、とある条件下では心理的に同じ色に見えることを**「条件等色」**と言います。

ちなみに、物理的に同じ色は「同色」ですが、心理的に等しく見える色のことを「等色」と言います。

面積の違いで色の見え方が変わる⁉

〜面積効果〜

小さいカラーチップや色見本で色を決定した後に実際の大きな面積で見てみたら、なんだか思っていたイメージと違ったという経験はありませんか？　これも目の錯覚の一つで**「面積効果」**と言います。**色は面積が大きくなるほど、明るく鮮やかに感じやすい**傾向があるためです。

生地からオーダースーツやワンピースを仕立てた経験がある方は、小さなサンプルで生地を選んだ時と、実際に出来上がってみた時では、なにやら色の印象が違った、という経験をした方もいらっしゃるのではないでしょうか。

他にも、エクステリア（建物の外壁）や屋根、インテリアの壁一面やドア、合わせるカーテンやソファーカバーやベッドカバー、大きな家電や家具の色など……。それなりに大きな面積に使う色を選択する時には注意が必要です。実際に使う環境、実際の大きさでチェックするのが一番ですが、そうはいかないのも事実です。

その場合は、少なくともA4サイズくらいのサンプルでチェックするか、大きな面積になった時に、明るく鮮やかに見えることをあらかじめ想定して、少し暗め&少し穏やかめな色を選びましょう。

余談ですが、私の実家をリフォームした時、両親が薄いピンクベージュの外壁塗装を選び、実際に出来上がってみるとかなりピンクの壁に感じて焦ったということがありました。

大きな買い物は値段も高くなる傾向があるので、失敗や後悔のない買い物にするためにも、こういった知識を大いに活用してください。

同じ色でも再現の仕方で見え方が変わる

〜色光の世界と色料の世界〜

色は紙（印刷など）で再現することもあります。そのように「光以外で再現される色」と「光で再現される色」は、実はまるで異なります。**光の三原色はレッド・グリーン・ブルーの、略して「RGB」**で、加法混色の三原色とも言います。対して、染料や顔料など**色料の三原色はシアン・マゼンタ・イエローの、略して「CMY」**で、減法混色の三原色とも言います（巻頭カラー図7参照）。

また、**光の三原色は混ぜれば混ぜるほど明るくなり最終的には白になり、色料の三原色は混ぜれば混ぜるほど暗くなり最終的には黒になります。**

同じ色でも、光で再現する場合はRGBの混色を使い、光以外で再現する場合はCMYの混色を使います。使う原色やレシピが全く異なるので、光の世界と光以外の世界の色を物理的にも心理的にも厳密に同じ色にすることは不可能です。

しかし、人間が色光と色料の色再現の差で違和感を持たないよう、日々技術は進化しています。

例えば**カラーマネジメント**とは、ディスプレイ（モニタ）やデジタルカメラ、スキャナといった「色光」の世界と、プリンタなどの「色料」の世界の、それぞれ画像を扱う機器の間で細かい色の調整を行うことで、表示された色の統一を図るシステムのことです。印刷業界など、特に色の再現性が要求される分野で重要視されています。

デジタルカメラやスキャナで取り込んだ画像の色をモニタで見るのと、プリンタで出力したもので見るのとでは異なって見えることがありますが、これは色再現の特性が機器ごとに異なるために起こる現象です。

カラーマネジメントはこうした色再現の差をなくすために、機器に依存しない色再現領域を介して画像をやりとりします。「ICCプロファイル」と呼ばれる変換テーブルを使って共通の色再現領域に変換しながら表示しています。

ちなみに、人間が目にすることのできる色再現領域は、**紙面などの印刷で色再現できる領域の方が、画面などの光で色再現できる領域よりも狭い**です（特にグリーンとブルーバイオレットの領域）。最近では、印刷でも色再現域をより広げることができるよう、CMYKにO（Orange）とG（Green）を足した6原色も使われています。また、印刷データを入稿する時は、基本的にはCMYKのデータを用いると実際の色再現的には確実です（巻頭カラー図6、図7参照）。

余談ですが、最近のテレビ画面の色がより綺麗に見えるようになったのは、RGBにYを足した4原色テレビになったことで、さらにCやYの色再現領域が広がったためです。

同じ色でも素材によって見え方が変わる
～色と質感の密接な関係～

次ページに掲載したスクリーンショットは、「DIC カラーガイド」（137ページ参照）という無料アプリケーションの画面です。DIC は特色《とくしょく》と言ってCMYKのプロセスカラーの掛け合わせではなく、特別に調合して練り上げられたインクのことです。プロセスカラーに比べて色ブレが少なく、色再現力が高いのが特徴です。色を調合して特色に近づける場合は、どの媒体で再現するかによって、レシピが異なるのが分かります。

例えば、同じ色をモニタ上で再現しようとする時、モニタのデバイスによってもその違いは出ます。Adobe 対応のRGBと、そうでないRGBでもやはり色の見え方が多少異なります。ちなみに、HTML は「Hyper Text Markup Language」の略で、コンピュータが理解できる言語です。

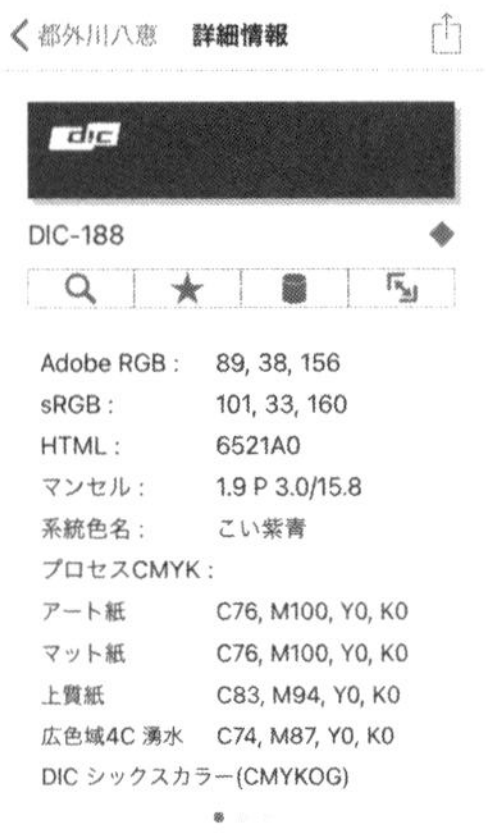

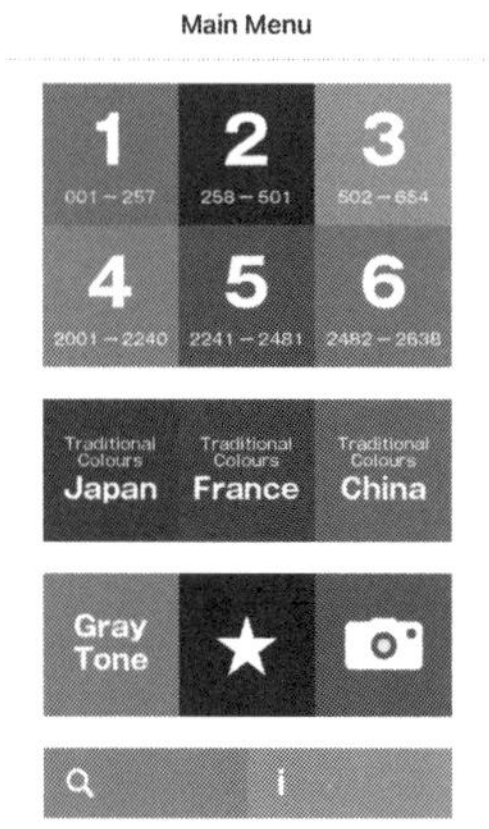

また、「色は質感を伴う」という言葉もあるように、同じDIC-188の色でも、どんな質感の紙に印刷するのかが重要です。アート紙（少し艶のある紙）と、マット紙（艶のない紙）と、上質紙（ザラっとした紙）に刷るのでは、プロセスCMYKのインクのレシピが微妙に異なっている場合もあります。

自然界における色の調和
～保護色と威嚇色（警戒色）～

同じ色でも要素によって、見え方に差が出てきてしまうということをお分かりいただけたかと思います。しかし分かったからこそ、「どの色をどう使えばいいのか分からなくなってしまった」という人もいるでしょう。

「配色に迷ったら自然界に学べ」という言葉があるのをご存知でしょうか。世界中にはさまざまな配色調和論がありますが、中でも、自然界の原理原則に沿ったものがたくさんあります。私たちはどれだけ時代が変わっても、自然界の中で生かされているということに変わりはありません。自然界の調和に倣えば、いつの時代も「いいね」「素敵」といった共感を得られやすくなるのです。

共感を得られやすい色と見え方の特性、その事例の一つを次に紹介します。

参考にできる自然界の配色事例として紹介したいのは、「**保護色**」と「**威嚇色**（**警戒色**）」です。周りの背景色となじませて自分の身を守る色を保護色、周りの背景色よりも目立たせることで相手を威嚇し、警戒させる色のことを威嚇色と言います。

興味深いのは、派手な色が必ずしも威嚇色になるとは限らない、ということです。生物たちが暮らす周囲の環境において、どのような色が目立たないのか、あるいは目立つのかによって変わります。

配色調和論においては、周囲の色と類似の色を用いて目立たせないことを「**統一の調和**」や「**共通性の調和**」。周囲の色と対照的な色を用いて目立たせることを「**変化の調和**」や「**対照性の調和**」とし、前者のように統一性や共通性があるものも、後者のように変化や対照性があるものも、それぞれに意図が明快なので、いずれも調和しやすいとされています。

どっちつかずというのが、最も言いたいことが伝わりにくい曖昧な配色になる傾向があります。さらには、「統一」もしくは「変化」だけだと飽きがくるのも人間です。統一感がありすぎてもつまらないし、変化がありすぎても落ち着かない……ということになりやすいので、究極は**「統一と変化のバランス」**のある配色が求められます。

例えば、空の朝焼けや夕焼けの移ろい、秋のダイナミックな紅葉など。綺麗なグラデーションを見てとることができ、「統一と変化のバランス」がとれた配色です。


いずれにしてもやはり、自然界の色彩が教えてくれることはたくさんありますので、あなたもぜひ注意深く観察してみてください。

周りと「統一性」や「共通性」のある配色は、生き物の保護色の事例に。周りと「変化」や「対照性」のある配色は、生き物の威嚇色の事例に見てとることができます。

同じような高彩度の色合いでも……

カエルの例：威嚇色

色鮮やかなほど危険だと言われている世界の美しいカエルたちは、その多くが毒ガエルです。アイゾメヤドクガエルのコバルトタイプは別名「青い宝石」とも呼ばれており、猛毒の持ち主です。

●熱帯魚の例：保護色

熱帯魚にカラフルで派手な色が多いのは、色とりどりのサンゴ礁などに隠れることで天敵から身を守るためと言われています。熱帯魚に縞模様が多いのは、縞模様で体の輪郭が不鮮明になり、捕食を免れる効果があるからだという説もあります。

「目立つ色」ってどんな色?
〜色の視認性〜

意識して対象物を探す時の発見しやすさ（目立ちやすさ）を「**視認性**」と言い、色で視認性を上げることができます。

結論から言うと、一般的には**寒色系よりも暖色系の色相、暗い低明度よりも明るい高明度、穏やかな低彩度よりも鮮やかな高彩度の方が、視認性は高くなります**。短波長の寒色系よりも、長波長の暖色系の方が人間の目に早く届くので「目立つ」と感じやすいです。
また、振幅の小さい暗い色よりも大きい明るい色の方がエネルギーが多いので、やはり余計に目立ちます。

ただしこれは、保護色と威嚇色の例にもあった通り、派手な色が必ずしも目立つとは限りません。周りの色や背景色との組み合わせによってもかなり変わってきます。いくら暖色系の高明度・高彩度にしても、**背景色との「明度差」がないとほとんど目立ちません。**逆に、寒色系の低明度・低彩度でも、背景色と明度差をつけることで視認性を高くできる場合もあります。背景色というのは「地色」のことだけではなく、その色が置かれる周りの環境の色、と置き換えることもできます。

視認性の高さが求められるものの例として、会社やブランドのロゴマーク、道路標識や広告・看板といったサインなどが挙げられるでしょう。その色がどのような背景色や環境の下で用いられるのかといった関係性を考えながら、視認性を上げていく必要もあります。また、視認性の考え方としては、色のユニバーサルデザイン（詳しくは91ページ参照）も合わせて考慮していきます。

さまざまな会社のロゴマークの色

他社との差別化を図りながら、独自性や視認性などを考慮してしのぎを削っています。

また、会社やブランドの理念やコンセプト、伝えたいイメージやメッセージ、ストーリーを色に乗せて伝えようとしています。

これらに一朝一夕で決められたものはどれ一つとしてなく、長い間保たれることで企業やブランドのブランディング、すなわち私たちの認知や記憶の向上へとつながっていきます。色は、長い目で見て、売上に大きく関わる大切なブランディングの要素なのです。

「目を引く色」ってどんな色？

～色の誘目性～

「**誘目性**」とは読んで字のごとく「目を誘う性質」であり、あえて意識しないまでも、また対象物に興味がなくても発見しやすいという性質です。視認性と同様、高明度・高彩度の暖色系はより誘目性が高くなります。加えて、背景との明度差もとても重要です。色相差でもなく、彩度差でもなく「明度差」です。

明度差がついているかどうかの簡単な確認方法は、白黒コピーをとることです。色の差がついていると思っていても、白黒コピーをとった時にその差が分かりづらい場合は、明度差がついていないということになります。白黒コピーでも色の差が明確に分かるように配色を計画してみましょう。

これは、さまざまな色覚に対応できる「**色のユニバーサルデザイン**」（詳しくは91ページ参照）の考え方にもつながっています。誘目性が特に求められる物としては、道路標識や安全標識、危険表示などが挙げられます。たとえ興味がなかったとしても人の目を誘って注目させる必要があるためです。

また、**視認性や誘目性の高い色は、時間帯によっても異なります**。昼間の明るい間は暖色系。夜の暗い間は中性色系の緑のあたりです。明るい場所と暗い場所で、目の感度が異なる（ズレる）ためです。実は道路標識はそのようなことも考慮して作られています。

ちなみに、一般道路の標識は青で、高速道路の標識は緑ですが、その違いはなぜかご存知でしょうか？　実は、青と緑を比べると、暗がりにおいては緑の方が人間の感度がより高くなるからです。夜間かつ、スピードを出していても人間の目にきちんと届きやすいように、ということが考慮されているのです。

図形の見えやすさは色で決まる!?

～色の明視性～

図形の見えやすさのことを「**明視性**」と言い、色でコントロールすることができます。道路標識の図はまさに、視認性も高いですが、明視性も高いものとなっています。**明視性を高くするのも、地色と図色の明度差がポイント**になります。

例えば、非常口のサインは緑と白の明度差のついたコントラストにより、火災時や停電時などの暗がりにおいても視認性の高い配色です。また、**プルキンエ現象**も意識して作られています。

ちなみに非常口のサインには、「緑の照明」と「白の照明」があるのをご存知でしょうか。実は、色によって名前も異なります。緑色の照明は「避難口誘導灯」、白の照明は「通路誘導灯」と言います。前者は「ここは避難口です」と避難口そのものを指すのに対して、後者は「矢印の方に進むと非常口があります」という意味があります。緊急事態時に焦ってしまうことのないよう、覚えておいてください。

プルキンエ現象

同じ色を見ていても、昼と夜など、その場の明るさによって色が異なるように見える現象です。

例えば、緑の葉に赤や黄色の花が咲いた街路樹の通りでは、昼間は暖色系の花の方が目立って見え、夕方になるほど緑の葉の方が目立って見えます。

これは明るいところから暗いところへうつると、**目の感度が高いところが、暖色系から中性色〜寒色系の方へとズレていくため**です。感度が高いということは、明るく鮮やかに見えやすいということです。逆に感度が低いということは、暗く穏やかに見えやすいということ。これらを考慮して、昼夜見られる道路標識なども作られています。

また、街頭の看板や広告、サインなども、昼間や明るい場所で目立たせたいのか、夜や暗い場所で目立たせたいのかによって、照明を含めて使う色が変わってきます。

文字の読みやすさも色で決まる

〜色の可読性〜

文字の読みやすさのことを「**可読性**」と言い、これも色でコントロールすることができます。名刺やプレゼン資料などは、可読性が低いと伝わりにくいものになってしまうので、可読性を考慮しながら作る必要があります。

これらは、地色と文字色の明度差が極端に少ないと読みにくい配色になります。特に明度が近い補色同士を地色と図色に組み合わせた文字は、ギラツキが起こるハレーションにより見えにくくなるので注意しましょう。どちらかの明度や彩度を抑えたり、地色と図色の間に空白や白や黒などのセパレーションカラーを入れたりすることでギラツキが落ち着きます（巻頭カラー図3参照）。

いずれにしても、**地色と文字色の明度差がつくように工夫すると読みやすく、可読性を高める**ことができます。

物事の識別のしやすさも色で決まる
〜色の識別性〜

対象が複数ある場合の識別しやすさを「**識別性**」と言います。香りや味、クラスやグループ、フロアやエリア、路線を区別したり……と、用途は無限です。

色だけでもある程度は区別させることができるのですが、生まれながらにして色を識別するのが苦手な人も一定数いるため、色のユニバーサルデザインを考慮すると、色に加えて記号や数字、文字を併記するのが確実な方法です。また、区別するために一度色の識別をしたら、途中で変えることのないように、記憶された色だけで識別されるまで踏襲し続けることも、識別性を高めるコツです。

例えば、各地下鉄の路線図の色がある日突然変わったり入れ替わったりしたら、驚きと戸惑いが隠せないのと同時に、乗り換えも間違えてしまうかもしれません。

色で香り・味・路線・フロアなどを識別

路線図やフロアマップなどは、色と対象物の連動性は低いですが、嗅覚と色、味覚と色などの「五感と色」は、かなり密接に連動しています。例えば、レモンといえばイエロー系、オレンジといえば橙系、緑茶といえばグリーン系、チョコレートといえばブラウン系といったようにです。

これらが全く違う色のパッケージだとしたら大きな違和感を持つと思います。特に嗅覚や味覚に対して色の連動性を断ち切ることは、かなりのチャレンジと言えるので綿密な戦略や注意が必要です。

生まれながらにして持っている色覚特性

私たちは誰もが同じ色を見ていると思いがちですが、それは錯覚です。たとえ複数の人が同じように「赤」と表現したとしても、その赤が全く同じ色であるとは限りません。言葉、もっと言うと色の名前はかなり曖昧です。色の感覚特性も加齢や遺伝などによって、血液型以上にさまざまなタイプがあります。次からは色覚特性に関して説明していきます。

人間が色を捉えるセンサーに、**網膜にある「錐体《すいたい》」という視細胞が3種類あります**。その内訳は、主に長波長の赤を感知する「**L錐体**」、主に中波長の緑を感知する「**M錐体**」、主に短波長の青を感知する「**S錐体**」です。また、視細胞にはもう一つ「**杆体《かんたい》**」というものもあり、これは白黒といった明暗を感知します。

目のしくみ

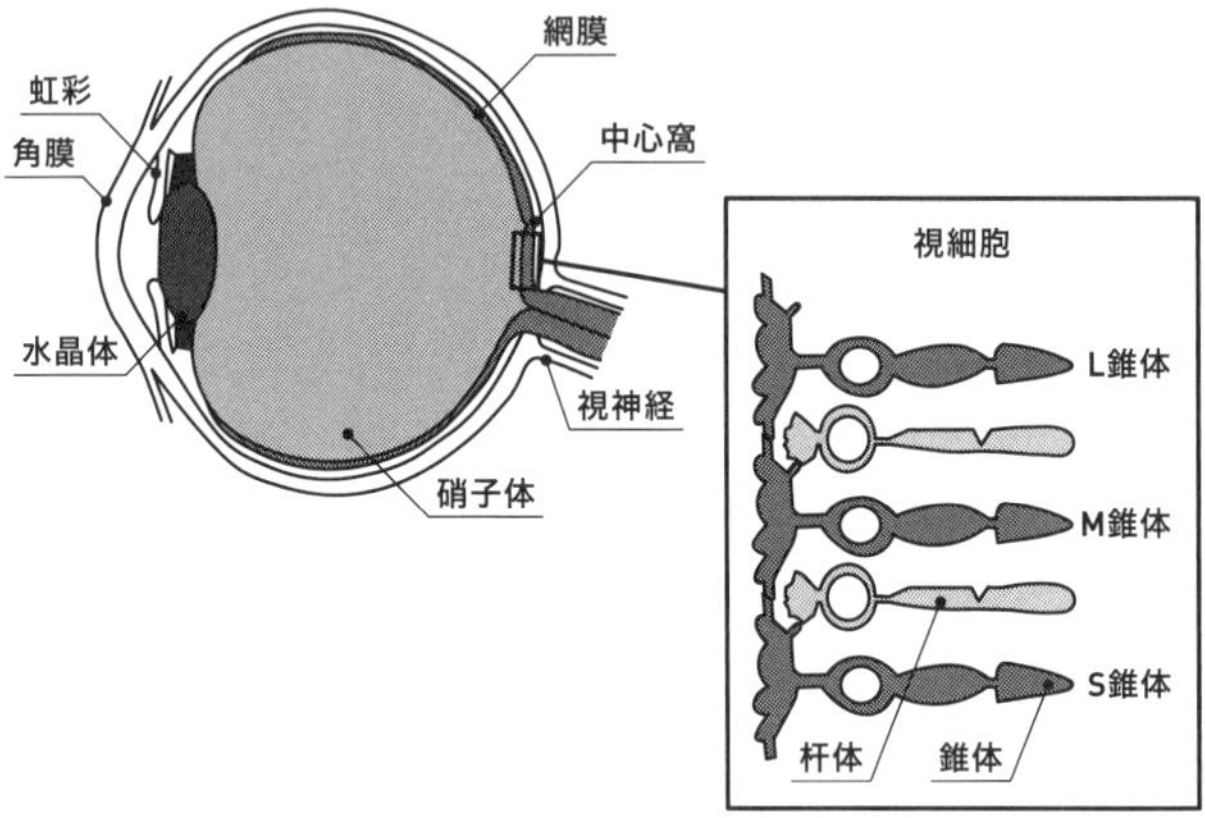

角膜から目に入った光は、水晶体や硝子《しょうし》体《たい》を経て網膜に像が結ばれます。網膜には、光の電気信号を、初めて色の情報信号に変換する三つのセンサーがあり、それが視細胞のうちの3種類の錐体です。

色を見極める錐体は、黄斑《おうはん》というところに集中して分布し、黄斑の中心で網膜が一部凹んでいる中心窩《ちゅうしんか》には錐体しか存在していません。私たちはこの辺りに焦点を合わせて色を判断しているとも言えます。

物を正常に見るには、視力と視野、色覚が必要です。光の三原色RGBを捉えるこれら三つのセンサーが問題なく働けばいいのですが、色覚遺伝子の変異により、3種類の錐体のうちの一つ、あるいは二つ、あるいは三つとも全て欠損していたり、持ってはいるものの働きが不完全だったりする場合もあります。色覚が弱い人は、日本人男性の20人に1人、日本人女性の500人に1人いると言われており、その割合から見ても決して珍しくないということが分かります。また先天性の色覚特性は、血液型と同じように年齢によって変化することはありません。

後天的な目や脳の病気、頭部のケガ、ストレスなどを原因に、色の見え方が変わる場合もあります。また、加齢により目の中のレンズである水晶体が少しずつ白濁したり、黄みを増したり、茶褐色に濁ることにより、特に青色系の識別力が低下します。また、さまざまな目の病気により、視力低下や視野の一部が欠損してしまうロービジョンになることもあります。

見分けづらい色の例

緑から赤までの範囲の差・紫から青までの範囲の差・濃い赤(が黒に見える)など。

その影響により……

●焼けた肉も生肉も同じように見える
●赤身の魚の鮮度が分かりにくい
●「充電中」の赤と、「充電完了」の緑を見分けづらい
●緑色の黒板に書いたピンクチョークが見えづらい
●黒背景の赤い電飾が見えづらい
●レーザーポインターの赤が見えづらい
●タクシーの空車表示が見えづらい……など

また、どの視細胞の働きに問題があるかで、色覚異常の特性は次の図のように分類されます。

色覚特性には1型と2型があり、赤系と緑系の区別がつきにくいという点で共通しています。他にはオレンジと黄緑、青と紫、焦げ茶色と深緑などです。その一方で、最も大きな違いとしては、**1型は赤が暗く見えて黒との区別がつきにくくなる**のに対して、2型ではそれがないということが挙げられます。

色覚異常の特性分類

特性	タイプ〔問題となる錐体の種類に基づく〕	程度	錐体			杆体	割合%（日本人男性）
			L錐体	M錐体	S錐体		
正常色覚	3色覚		●	●	●	■	95%
色覚異常	1型色覚	強度（1型2色覚）	×	●	●	■	1.5%
		弱度（1型3色覚）	▲	●	●	■	
	2型色覚	強度（2型2色覚）	●	×	●	■	3.5%
		弱度（2型3色覚）	●	▲	●	■	
	3型色覚	強度（3型2色覚）	●	●	×	■	0.001%
		弱度（3型3色覚）	●	●	▲	■	
	1色覚		LMS錐体一つのみ			■	極めてまれ
						■	極めてまれ

●…錐体がはたらく　▲…錐体がよくはたらかない
×…錐体が欠損している　■…杆体がはたらく

3型は黄色と青紫の違いや、青と緑や青と黒の区別がつきにくい特性を持っています。

3型は後天的な原因により起こるのがほとんどで、色覚の記憶をすでに持つことから、日常生活での不便はあまり感じないと言われています。

一般的に彩度が低くなるほど色の区別はつきにくくなりますが、色覚異常の人がより見えにくくなる条件としては、暗いところ・対象物が小さい場合・2色が離れている・短時間で急いで見る・集中力を持たずに見る・疲れていたりイライラしたりしている、などが挙げられます。

その逆に、色覚異常（特に1型と2型）の人は、**色みの違いに鈍感なぶん、「明暗の違い」に敏感に反応する**傾向があります。例えば、緑と青緑と青の微妙な違い・同じか近い色相のトーンの違いなどを見分けるのは得意です。

色のユニバーサルデザイン
〜さまざまな色覚特性の人に伝わる色〜

人の色覚特性にはさまざまなものがありますし、他人の色の見え方は分からない、という現実問題の中、A・B・Cの色の差が分かるかどうかはヒアリングによって明確にすることができます。どんな人にも色の区別がつき、分かりやすい色彩設計をするための考え方を**色のユニバーサルデザイン**と言います。

また、「カラーユニバーサルデザイン」とは、色の見え方が一般と異なる人にもきちんと情報が伝わるよう、色使いに配慮したユニバーサルデザインのことで、NPO法人カラーユニバーサルデザイン機構（CUDO）が作った名称です。色そのものを指す場合はユニバーサルデザインカラーなどと言う場合もあります。

一般名称としては、カラーバリアフリーという言い方もありますが、バリアフリーとは、障害者や高齢者の社会参加を困難にする障壁をできるだけ取り除こうとする考え方であり、現存する設備や製品などについて障壁（バリア）となる点を取り除いたり（フリー）、また障壁とならないように専用の機能を後づけしたりするデザインのことを言います。

その一方でユニバーサルデザインとは、初めからバリアがないように設計されているデザインのことです。そのため、両者の考え方の違いは歴然で、対象者も高齢者や障害者のみならず、国籍や年齢、性別を超えてあらゆる人にとってどのような状況下でも「快適に使える」ことが求められています。

色のユニバーサルデザインは、色の分野について次の条件をクリアしているデザインと言えます。

ユニバーサルデザインにおける7つの原則

①公平性：誰にでも公平に利用できること

②自由度：使う上で自由度が高いこと
③単純性：使い方が簡単ですぐ分かること
④分かりやすさ：必要な情報がすぐ理解できること
⑤安全性：うっかりミスや危険につながらないデザインであること
⑥体への負担の少なさ：無理な姿勢をとることなく、少ない力でも楽に使用できること
⑦スペースの確保：アクセスしやすいスペースと大きさを確保すること

色のユニバーサルデザインにおいては、色を区別しづらい人にとっても簡単に意味や内容が理解できる視覚デザインが求められます。また、色は照明（特に明るさ）によっても見え方が異なるため、置かれる場所の照明条件の考慮も必要です。

色のユニバーサルデザインの例

- 区別が必要な情報を色の識別だけに頼らない（フォントの違う文字や記号の併用、形や大きさも変えるなど）

- 線の種類や太さ、形状を変えて表現する
- ハッチング（地模様）や、白や黒などの境界線、縁取りをつける
- 線や文字は太く、色の面積を広くする（明朝体よりゴシック体など）
- 色によるコミュニケーションが生じる場合は、色名を併記する
- 白黒にしても内容を識別できるようにする
- 背景色とのコントラスト（明度差や彩度差）を意識してつける
- 赤を使う時は、濃い赤を使わずに、赤橙やオレンジを使う
- 緑を使う時は、青みが強い緑を使う（暗い緑は赤や茶色と間違えやすい）
- 黄色、黄緑、明るい緑、水色などは同時に使わない（特に細い線や小さい文字など）
- 彩度の低い色同士、パステルカラー同士、黄色と白の組み合わせは避ける
- 赤～緑と、緑～青それぞれから交互に選ぶ
- 色による識別が必要な場合は、可能な限り色覚異常による見え方の確認を行う

色の認識の違いは男女でも違う!?
～男女の違いは永遠の違い～

色覚異常を有する人の割合は、日本人男性の約5%、日本人女性の約0.2%で、国内の男女合わせておよそ350万人と言われています。ちなみに5%という数値は、日本人男性のAB型の割合とほぼ同じなので、一定数いるということが分かります。さらに、黒人男性の場合は約4%、白人男性の場合は約6～8%と、世界の約2億人が色覚異常という特性を持っている計算になります。数値からも分かる通り、**一般的に男性よりも女性の方が色彩感覚は鋭い**ことが分かっています。中には、RGB以外に、オレンジを足した4つの色覚を持つ人もいると言われているほどです。

色覚異常の遺伝形式

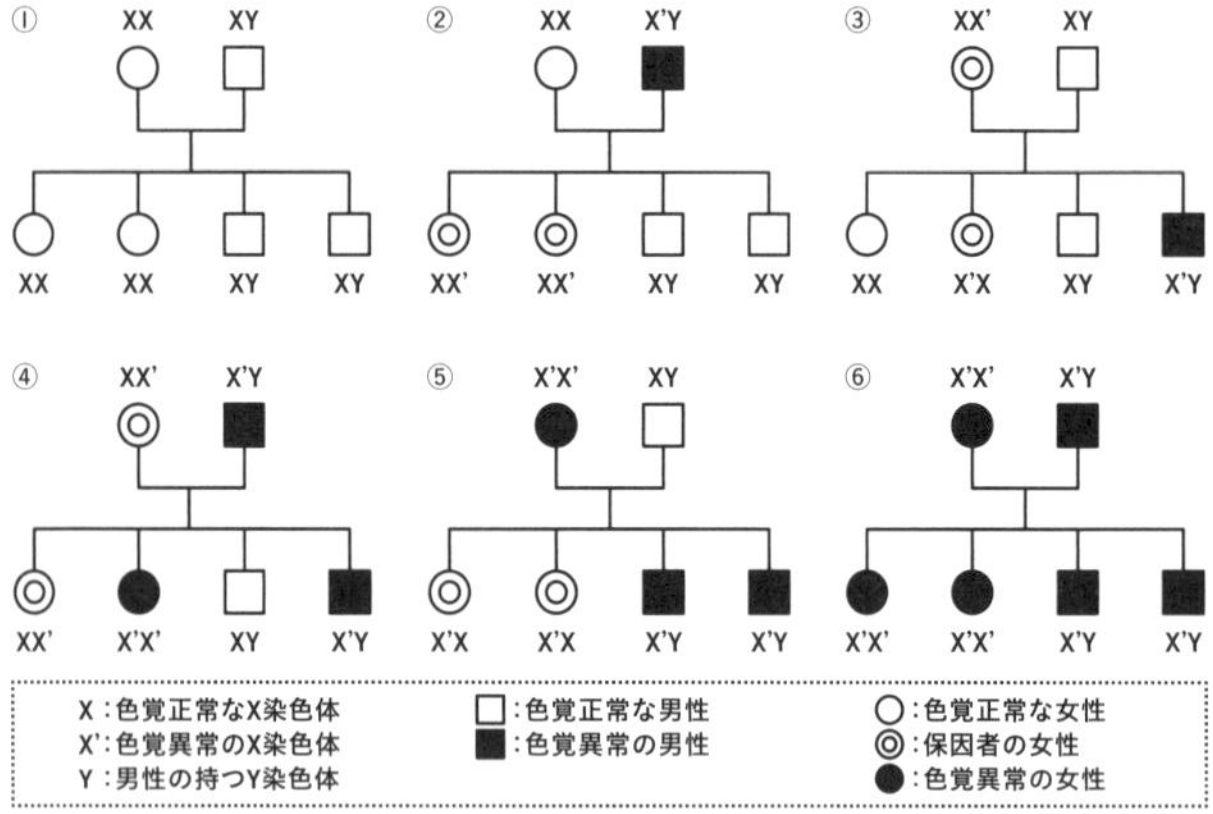

色覚異常の遺伝形式（伴性劣性遺伝）

色覚異常の遺伝子はX染色体に存在しており、この遺伝子をX'と表すとします（XY＝男性／XX＝女性）。

男性はX染色体を一つしか持っていないので、これがX'であれば色覚異常になります。女性はX染色体を二つ持っていますが、一つだけX'なら遺伝的保因者、二つ持っていれば色覚異常になります（保因者は女性の10人に1人と言われています）。

1組の夫婦から男子（四角）が2人、女子（円）が2人生まれたとすると、確率の上では、父母の色覚の状態によって上記の6種類のパターンで色覚異常が遺伝します。

赤と緑の細胞の元になる遺伝子はX染色体にあり、片方の遺伝子が正常であれば、赤と緑を見分けられます。男性はXを1本しか持っていないので、色覚異常の割合が女性よりも多いのです。

古来より、男性は獲物を捕らえるために猟に出かけるという性質上、「形」を捉える能力や動体視力が優れていました。その一方で、女性は子を産み育てるという性質上、赤ちゃんの微妙な顔色で健康状態を判断したり、食べ物の色みで食べごろを判断したりしていました。それは現代にも通ずる能力で、例えば女性は化粧品において、自分に似合う色を真剣に選ぶ機会が定期的にあります。化粧品に興味のある人や好きな人ならその頻度も高いと思います。男性に比べて色に真剣に触れる機会が多いことから、やはり「色」を捉える能力は男性よりも優れている女性がほとんどなのです。

残念ながら、生まれ持った色覚特性を変えることはできませんが、後天的な色覚は鍛えることができます。人はおよそ750万から1000万色の色を見極めることができると言われていますが、1000万色に限りなく近づけることは可能です。まずは日頃から色を意識的に捉えて、その違いを見極めていきましょう。

赤ちゃんも色の区別ができる⁉

～赤ちゃんが好きな色～

生まれたばかりの赤ちゃんが最初に興味を持つのは「**明るさ・動くもの・感触**」です。

ベビーベッドから明るい窓の方に顔を向けて明るさを求めたり、天井から吊るしてある回転メリーをじっと見つめたり、母親のおっぱいに触れたり口に含んだり、母親の指を小さな手でぎゅっと掴んだり。

赤ちゃんはまず明るさの違いを見極めるようになってから、生後2～3ヶ月ほどで色の違いが分かるようになると言われています。また、赤ちゃんにも色の好みがあり、諸説ありますが、やはり明るい黄色や白、ピンクといった「**パステルカラー**」、鮮やかな赤やオレンジといった「**カラフルでコントラストがはっきりした色**」を好むという説もあります。

そういった色の刺激が脳へと伝わり、赤ちゃんの脳の成長を促します。

一般的に**明るいパステルカラーは筋肉を緩める作用があり、暖色系は脈拍や血圧、呼吸数を徐々に上げて気持ちを高揚させる効果がある**からだとも言われています。また温もりや親しみやすさを感じさせる色でもあるので、どこか安心するのかもしれません。

これらは今まであった諸説一般論ですが、それ以外に、私が生まれた赤ちゃんに母子手帳と一緒に配りたいのは「**バースカラー**」です。後ほど詳しく説明しますが、その人の個性やらしさ、生まれ持った強みや得意分野といった、両親から授かったリソースやその人の本質を表す合計6色を言います。例えば「脳を刺激する色は赤」や、その逆に「リラックさせる色は青や緑」と一般的には言われています。しかしバースカラーとは、「一般的な色」ではなく、その人個人にとって脳のパフォーマンスを上げたりリラックスさせたりする最適な色なのです。

我が子の十人十色の個性=色を知っておくことは、その子の強みや個性を伸ばしてあげるための教育に、迷いがなくなるツールと言えます。そのため早く知って早く使ったもの勝ちです。「十人十色」の所以《ゆえん》となる色を知って、生かしていきましょう。

色の心理効果のまとめ

寒暖感（色相が関与）
進出後退感（色相と明度が関与）
軽重感（明度が関与）
硬軟感（明度と色相が関与）
膨張収縮感（明度と色相が関与）
興奮鎮静感（彩度と色相が関与）
派手地味感（彩度と明度が関与）

どのように見せ方や心理を操りたいのかによって、色の三属性（色相、明度、彩度）のどこをどのように操るのかがある程度明確に決まってきます。

第3章

意外と知らないことだらけ！

～色のキホン～

色を最初に研究したのは一体誰？

「色とは何か」

この問いかけは、長い年月をかけて論じられてきました。世界で最も古い文献の一つには、「色は白と黒から作り出される。全ての色は白と黒が混ぜ合わされてできたもの」と記されています。この言葉を残したのは、紀元前350年頃に活躍した古代ギリシャの哲学者**アリストテレス**です。その後も約2000年もの長きに渡り、この考えは普遍（不変）の真理とされてきました。

17世紀の中頃から近代科学が発達するにつれて、この考え方が次第に覆されるようになっていきます。ガラスで作られた透明な三角形の「プリズム」を通して、二人の人物が全く別の視点から色の画期的な理論を残しました。一人は17世紀を代表する物理学者であり、近代科学の父である**アイザック・ニュートン**。もう一人は18世紀を代表する文学者であり、自然科学者である**ヨハン・ヴォルフガング・フォン・ゲーテ**です。

ニュートンは光を遮断した暗室に小さな穴を開け、ごく限られた一筋の太陽光を導き、それをプリズムに当てたところ「赤《あか》・橙《だいだい》・黄《き》・緑《みどり》・青《あお》・藍《あい》・青紫《あおむらさき》」の虹色を導く「**分光実験**」に成功しました。これがのちに科学の常識となる**ニュートンスペクトル**（巻頭カラー図4参照）です。さらにニュートンはこの7色に分かれた色を、凸レンズを使って集光し、再び元の光に戻す実験にも成功しています。これにより、**光は単一のものではなくさまざまな色に分けることができる**、という画期的な結論に達したのです。ニュートンはこれらを『OPTICS』（光学）という書物に記しました。プリズムを用い、光によって色を解明したニュートンの光学理論は、現代色彩学に息づく未だ変わらぬ普遍の真理となっています。現在は、ニュートンの光学を発展させ、**色の違いは光の波＝波長の違いで起こる**とされており、私たちが見ているカラフルな色は、全て光の分光実験で数値化できる、という理論につながっています。

そのニュートンの光学理論に反旗を翻したのは、18世紀の文学者ヨハン・ヴォルフガング・フォン・ゲーテです。ドイツの文豪ゲーテは、『光学』から約100年後、約20年もの年月をかけて『色彩論』という三巻にわたる大作を残し、その中でニュートンの光学理論を痛烈に批判し、全く異なる色の理論を確立しました。ゲーテは自然科学者としての側面も持っており、「色彩を生じさせるには境界が必要なのだ」と述べています。ゲーテの色彩論は「**白と黒の境目に色が存在する**」というアリストテレスの原点に立ち戻っており、色の理論には「光」だけではなく、その反対に位置する「闇」も必要であると考えました。また、色の研究は全て人間の目（知覚）を通して行うべきであると考えたのです。

ニュートンは数式などを使って科学的に色を「光とは何か」という観点からアプローチしているのに対し、ゲーテは芸術家として「色とは何か」という観点から独自の色彩論を展開しています。色を総合的に捉えようと、人間の「心理的」「物理的」に生じる色についても研究しています。そして「光と闇」「白と黒」その境目から色が生まれると主張しました。ですが、これはニュートンの光学理論でも簡単に説明がつきます。ニュートンが導き出した一筋の限定された光の幅を広げると、ゲーテが反論した境目に浮かぶ色と同じ色が導き出されるのです。現代色彩学でこれは「**境界色**」（照明光のプリズムによる分岐によって現れる現象。色縞が現れる領域の広がり＝分岐の幅はプリズムを構成する光の屈折率で定まる）として解明されています。
「科学」や「光学的」に色を分析したニュートンと、人間の「生理学」や「心理学」、「物理学」から色の研究をしたゲーテ。これらは別物のように見えて、実はどちらも必要なものなのです。その両輪の上に成り立っているのが、**現代色彩学**です。

補足として……
光科学として捉える色の世界では「**波長**」と表現されることが多く、物理学として捉える色の世界では「**波動**」と表現されることが多いです。

いずれにしても、色は決して感性や心理だけでは語りきれないことを、色にまつわる長い歴史の流れからもご理解いただけたでしょう。

色にも「分野」がある!?

色の世界は大きく二つに分けられます。**光学や物理学の世界と、生理学や心理学の世界**です。物理と心理・理論と感性・理性と本能・機能と情緒・客観と主観……とも言い換えられます。

日本色彩学会などにはそれぞれの分野の専門家がいます。まさに色のない世界はないと言わんばかりに、さまざまな分野——例えば、光学・物理学・生理学・心理学など——が揃って初めて色彩学の世界が成り立っているのです。

色は、どれか一つが欠けても存在し得ませんし、どれか一つが少しズレただけで、違う色として認識されます。

また、色のない世界もないですが、色だけで存在している世界もありません。色と素材と形があってこそのデザインですが、**素材や形を認知する以上に、色の認知はとても速い**と言われています。色の正体は光なので、その刺激は光速レベルで進み、目から入って脳へと伝わり感情を揺さぶるまでの速さは、素材や形を認識する以上に速いということなのでしょう。見た瞬間、ある意味で理屈なく感情までダイレクトに揺さぶるのが色の力なのです（109ページ図参照）。

そもそも「色を認識できる」のはなぜ？

次ページの図は「色の認知の経路」で、色の世界をコンパクトに表した縮図のようなものです。色が存在する仕組みや見える仕組みを表しています。

パソコンや携帯電話、テレビ画面の色など、光源からの光が直接私たちの目に届く場合もありますが、ほとんどはまず、**①光源からの光が物に当たって（入射光）、②物体により光が取捨選択されます。**物体が必要ないものとして反射したり（**反射光**）透過したり（**透過光**）した、「光の電気信号」である刺激のみが私たちの目に届きます。そしてその光の電気信号が**③目から入って④脳へと伝わる間に「色の情報信号」に変換されることで、④脳と⑤心で色を感じています。**

一方で、物体が必要とした光は、私たちの目には届かないので見えませんが、物体内部の中に光エネルギーとして「吸収」されているので、物体そのものに光エネルギーが内包

色の認知の経路

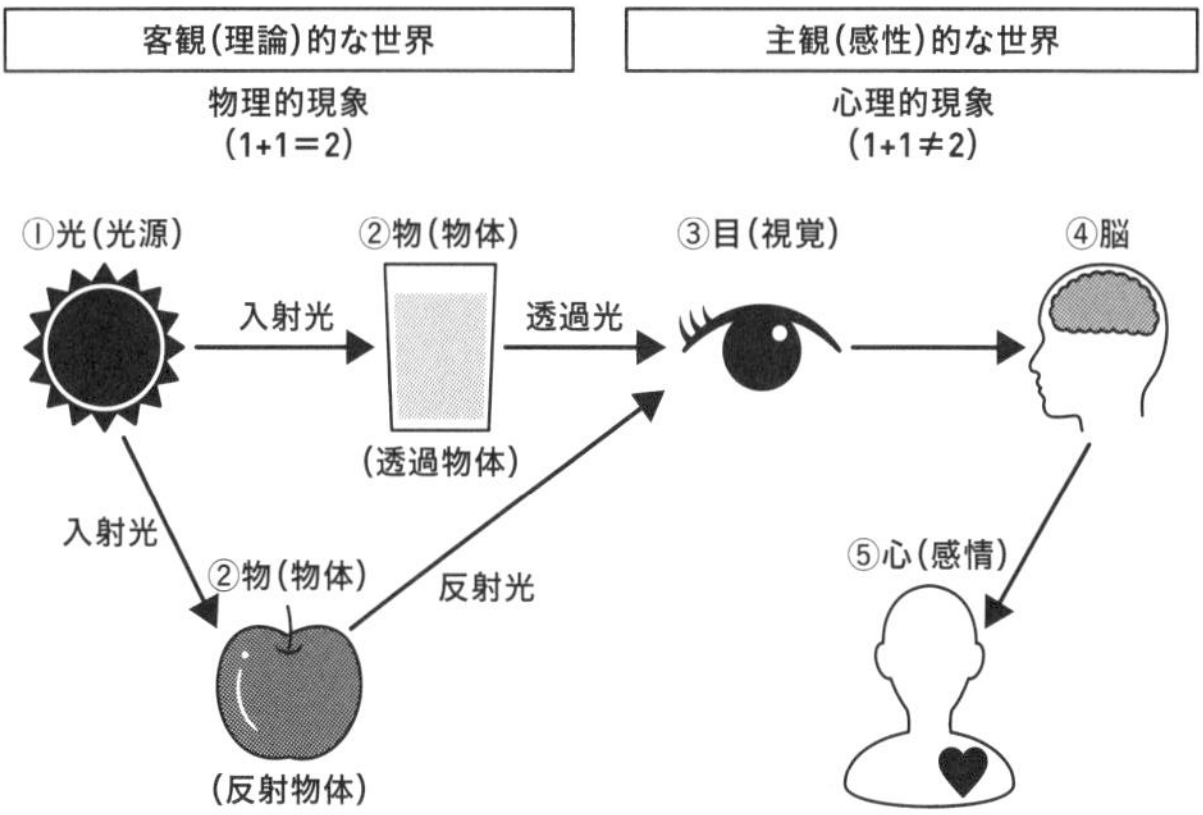

されます。

ちなみに、光が私たちの目に直接届くことで感じる色を「**光源色**」、光が一度物体に当たって私たちの目に届くことで感じる色を「**物体色**」と言います。

物体色の中でも、反射された後の光が目に届くことで感じる色を「**表面色**」、透過した後の光が目に届くことで感じる色を「**透過色**」と言います。それぞれ光の質が違うので、同じ色だとしても印象が異なります。

物理的に同じ現象でも、見方・捉え方・感じ方によって捉え方が大きく変わってしまうというところも色の面白さです。

色が「心理物理的な現象」と言われる所以であり、色は体の外側と内側の両方がつながる、微妙な関係の中で生じている現象です。物理的には同じはずなのに、あなたが見ている色は、あなたにしか味わえていない、オンリーワンの体験とさえ言えます。

「光の刺激」が目や脳で「色の情報」に変わっているだけで、真っ暗闇でも、目をつぶっていても、人間は無意識レベルで色を感じています。この世は全て色の世界であり、色は全て数値化やグラフ化のできる世界でもあります。興味深いと思いませんか？

余談ですが、北欧のインテリアはカラフルで綺麗な色使いなことで有名ですよね。実は日照時間が短い分、足りない光エネルギーを色のエネルギーとして取り入れているのです。北欧は、心や体の症状に応じて色のついた光を用いて処方する、光線治療（**色彩療法**）が日本以上に進んでいる光＝色の先進国です。彼らが心身共に健康に生き抜いていくための知恵とも言えます。

色は物体に存在していない!?
～知られざる色の正体～

私たちが日頃見ている色の正体は「光」です。どんな色であれ「光」なのです。色の正体は、物体についている染料や顔料、色素と思われがちですが、実は**色は物体には存在していない**のです。目から入ったり五感や体全体で受け止めたりと物理的な光の刺激が脳へと伝わるうちに、生理的な色の刺激に勝手に変換されているだけなので、私たちはある意味、観念や概念で色を見て、さまざまな心持ちで好き勝手に色を感じているとも言えます。

そのためリンゴを赤く感じたり空を青く感じたりするのは、「リンゴには赤い色素がついているから」でも「空はもともと青いから」でもありません。「リンゴは赤」で「空は青」とあなたがそう見てそう感じているから、リンゴは赤く、空は青いのです。

色の正体は、漢字一文字で言い換えると「光」ですが、漢字二文字、漢字三文字で言い換えると「波長」や「波動」、「電磁波」となります。色も電磁波なので、**色ごとに波長や**

波動、さらには周波数やエネルギーの質・値が全く異なります。電磁波は見えないだけで実在しています。それが「見えない」のか、「色として見える」のかだけの違いです。

電磁波はそれぞれ波長や周波数が異なり、それによって働きも全く異なります。

（例）ラジオ波・テレビ波・携帯の電波・電子レンジのマイクロ波・レントゲンのX線・放射線の一つであるガンマ線など

その電磁波の中で約380〜780nm（ナノメートル・1nm＝100万分の1mm）の範囲だけ、私たち人間は唯一見ることができます。この**「可視範囲」**が別名「可視光線」、略して「光」であり「色」の世界なのです（巻頭カラー図5参照）。

約380nmの外には紫外線があります。紫の外にあるため紫外線です。約780nmの外には赤外線があります。赤の外にあるため赤外線です。この目に見えない赤外線と紫外線の間に挟まれているのが、かのニュートンが導き出した「**赤・橙・黄・緑・青・藍・青紫（菫）**」という虹色のスペクトルである色の世界なのです。

余談ですが、赤外線ストーブや赤外線のコタツが赤く光っているように見えているのは、

電磁波の波長図解

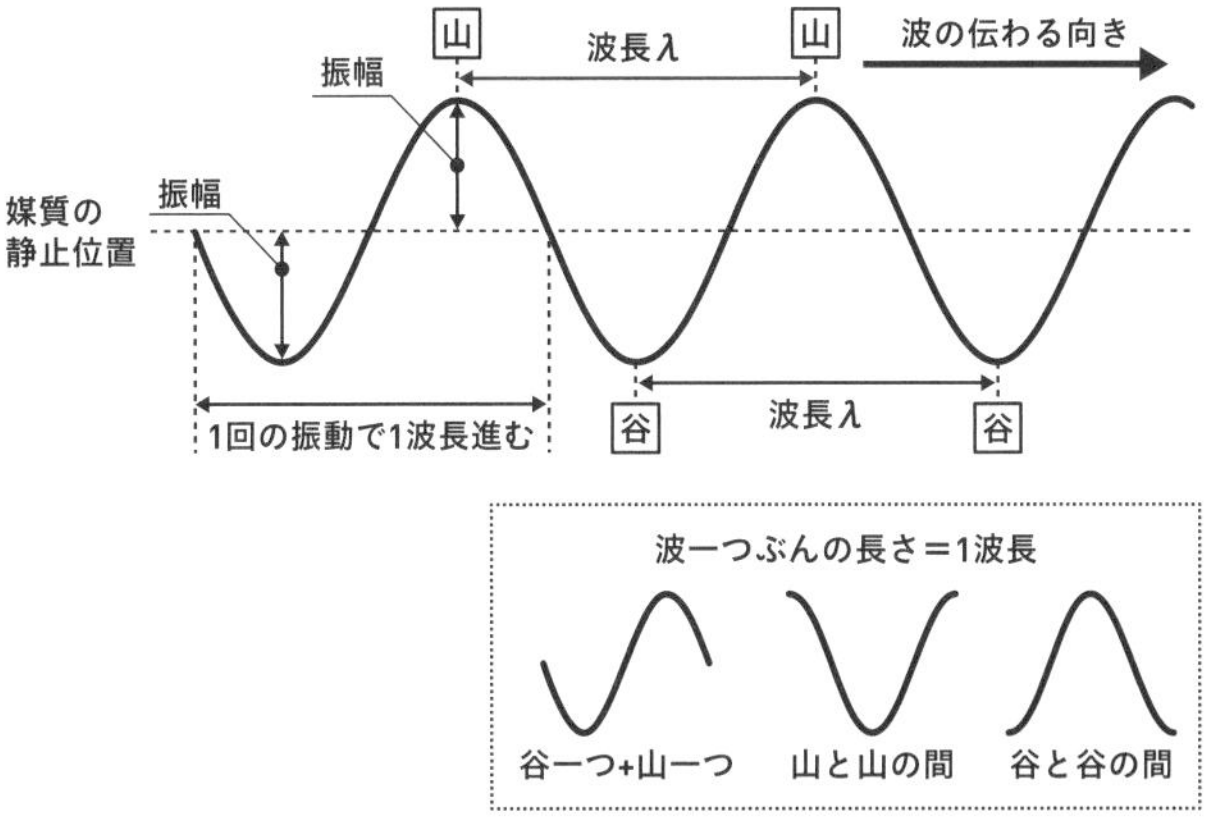

赤外線の色ではありません。本来、赤外線は「可視範囲の外」にあるので、目には見えないのです。あえて「可視範囲」の赤い光をつけることで、より暖かそうだと感じるように見せている、一種の演出です。

電磁波である色は、波のように進む性質も持っており、波の山と山（谷と谷）の距離のことを「**波長**」と言います。波長の違いは色みの違いを表します。**波長が長くなるほど暖色系に、波長が短くなるほど寒色系になります。**

また、波の高さのことを「**振幅**《しんぷく》」と言い、振幅の違いはエネルギー量の違いを表します。**振幅が高くなるほど明るくなり、振幅が低く**

なるほど暗くなります。

ちなみに、1秒間の波の数を「周波数」と言い、谷一つ+山一つの振動数で1Hz(ヘルツ)です。約380~780nmの可視光線の範囲を周波数で表すと、約405~790THz(テラヘルツ)と言われています。波長が長くなるほど周波数や振動数は少なくなり、波動エネルギーは弱くなります。波長が短くなるほど、周波数や振動数は多くなり、波動エネルギーは強くなります。

話を元に戻しましょう。私たちは、テレビを観たいと思えばチャンネルを合わせますし、ラジオを聴きたいと思えばチューニングを合わせますよね。

携帯は話したい相手の携帯番号を押すことでつながりますし、Wi-fiを使う時にはIDやパスワードを入れてその場で使える電波につなぎます。私たちは日々、数ある電磁波を当たり前のように切り替えて、チャンネル(チューニング)を合わせています。

では、色はどうでしょうか。同じ電磁波のはずなのに、色となった瞬間に「なんとなく」で決めてはいませんか？　色も電磁波であるのに、好みや感性だけで片づけてしまう方が不思議ですし、本当にもったいないことです。色も物理的なものであり、色にも番号がついているので、目的に合わせてその色の番号にチャンネルを合わせれば、あなたが引き寄せたい人脈・情報・お金・タイミング・未来までも引き寄せることができるのです。

たかが色、されど色。あなたは、色の電磁波でチャンネル合わせをする感覚、ありましたか？　あなたの人生をもっとあなた色に変えれば、あなたらしく「波」に乗ることができますよ。

人生は選択と集中。どこにフォーカスするかが大事です。色も目的や用途によってきちんとフォーカスすることで、引き寄せの速度や結果が変わってくるのです。

太陽は赤、虹は7色とは限らない!?

ニュートンが分光実験にて虹色のスペクトルを導き、虹を7色としましたが、虹色も国や人によって捉え方はさまざまです。

日本や韓国やオランダでは「赤・橙・黄・緑・青・藍・青紫」の7色で捉えるのが一般的ですが、アメリカやイギリスでは藍を抜いた6色を虹色とする説もあります。さらにドイツや中国では5色、ロシアや東南アジア諸国では4色、南アジアやアフリカでは2色とも言われています。**光のスペクトルはあくまで連続するグラデーションであり、それをどこで何段階に区切るかは、さまざまな国民や文化、歴史、風土による認識の違いがあります。**

また、日本では圧倒的に赤で描かれることの多い太陽も、国が違えば色も違ってきます。

例えば、欧米では太陽は黄色やオレンジやゴールド、日本と同じアジアでも、韓国や中国ではやはり黄色やオレンジで表現されることが多いです。

その違いの一説にはまず、赤道との距離があると言われています。赤道付近では太陽は赤みが強いように見え、赤道から遠い国では青みが強いように見えます。また、寒い地方よりも暑い地方の方がより赤みを帯びて見えます。さらには瞳の色の違いも関係しているとされており、黒や茶色などのメラニン色素が多いほど紫外線のダメージは少ないですが、青い瞳などメラニン色素が少ないほど太陽を眩しく感じやすいそうです。

日本は、赤道付近に位置するわけでもないですし、さほど暑い国とも言えないですが、太陽を赤く捉える傾向が強いのは、日本神話に登場する太陽神としての天照大神《あまてらすおおみかみ》のイメージや、日本という国名そのものにもなっている「日の本」「日の出」「日出ずる国日本」、またその象徴にもなっている日本の国旗のイメージによるものでしょう。バングラデシュの国旗は緑地に赤丸ですが、赤い円はやはり昇りゆく太陽を表しているようです。バングラデシュでも、太陽は赤で描く傾向があるのでしょうか。

生物によって見える色が違う!?

～赤や青の鳥はいるのに、犬猫牛にはいない理由～

人間を含め**見えている色の範囲は生物によってそれぞれ異なります**。人間には約380～780nmの電磁波が色として見えていますが、なぜその範囲が見えているかと言うと、「人間が生きていくために必要な範囲だから」です。なので偏った色の使い方は偏食しているのと一緒で、バランスが悪く心身ともに健康を損ねてしまう可能性があります。

鳥類は、視覚で自分の餌のありかを見定める必要があるため、私たち人間以上に視覚がとても発達しています。人間よりもさらに広い紫外線の範囲まで見えていると言われています。人間は3種類（RGB）の錐体細胞で色を感知していますが（**3色型色覚**）、鳥類は私たち人間には見ることのできない紫外線を知覚できる4つ目の錐体細胞が存在するという研究発表もあります（**4色型色覚**）。

例えばハチドリは、人間にとっての可視範囲（可視光）のスペクトルには含まれていない色相まで感知していると言われています。人間には見えない、花の蜜のありかを見定めているのでしょう。水と砂糖水の違いも見極めることができるという説もあります。ハチドリの世界では、この地球上の彩りがどのように見えているのでしょうか。

視覚優位の鳥は、赤や黄色や緑や青などの色鮮やかでカラフルな色をしている個体が多くいます。自分の羽の色で異性に上手にアピールすることで、子孫を残していく必要があるからです。

孔雀の世界ではどうかと言うと、綺麗な羽を広げるのは雄の方です。羽を広げる行為は求愛活動と言われています。その一方で雌は、意外と地味な茶色の羽をしています。

鳥類とは逆に、哺乳類の犬は嗅覚が、猫は聴覚が非常に発達しているので、それほど視覚に頼らなくても生きていくことができます。そのため、2種類の錐体しか持っていないと言われています（**2色型色覚**）。犬や猫が白・黒・茶・ベージュ・グレーなどの地味な色しかいない理由でもあり、それほど多くの色が見えていなくても問題はないのです。

また、闘牛士が赤いマントをひらつかせて牛を挑発する闘牛シーン。牛は赤に反応し興奮しているように見えますが、マントの挑発的な動きに反応しているだけで、実は赤い色は見えていません。赤いマントを見て興奮しているのは、むしろ人間の方なのです。

鳥ほどではないですが、人間も五感のうちの約8割が視覚情報であることを考えると、いつも地味で無難な定番色ばかり着ているのはとてももったいない気がします。鮮やかでカラフルな鳥のように装って、上手に異性にアピールできるとやはり人間もモテるのは確実です。

また、そういった意味では、「パーソナルカラー」も大いに使うことができます（第6章で詳しく説明します）。パーソナルカラーとは、一言で言うと「自分に似合う色」。血色も含めて、あなたが生まれ持った肌や目や髪の色素と相性がいいので、外見を魅力的に見せてくれます。

リップやネイルを選ぶ時もどんなピンクがいいのか、ファンデーションひとつ選ぶ時もどんなベージュがいいのか、悩むことも多いかもしれませんが、この配色調和論は永久不滅の「ロジック」がありますので、ぜひ活用してみてください。もちろん女性に限らず男性も同じです。

見えていなくても脳は色を感じている!?

人間は真っ暗闇でも色を感じています。真夜中に目をつぶって寝ている間も、無意識レベルで脳や体は色に反応しているのです。

あなたは、シーツや枕カバー、布団カバー、下着、パジャマなどの色を、「眠りの質」というレベルで意識して選んだことがあるでしょうか？　寝ながらにして色で眠りの質を向上させ、免疫や自律神経、ホルモンバランスを整えることができるとしたらいかがでしょう。**色の正体は波長であり電磁波**なので、見えていようがいまいが実は関係なく、エネルギーの質の違いを体は素直に捉えています。

ちなみに、目に見えない電磁波は即効性があって便利な代わりに、人間の体にとっては副作用もあります。

例えば、寝ている間に携帯を枕元に置いていると、眠りの質を下げてしまうので注意が必要です。携帯の使いすぎは脳波に悪影響を及ぼし、胸元や下半身といった洋服のポケットに常に入れておくと、心臓や生殖器の機能に悪影響を及ぼします。常にパソコンの前にいると、運動による疲れとはまた違う変な疲れ方をするのは、電磁波が体内に蓄積されている証拠です。また、電子レンジで温めたお弁当は栄養素が破壊されてしまうため、手作りで温めた料理のおいしさにはやはりかないません。レントゲンも目に見えない電磁波ですが、それを扱うには医師や診療放射線技師の持つ特殊な技能が必要ですし、頻繁に浴びるものではないことはどなたでもご存知のはずです。

どれも生活に欠かせないものですが、目に見えない電磁波の使いすぎには気をつけたいものです。

その一方で、色は人間にとって生きていくのに必要なので、電磁波の中で唯一目にすることができます。目に見える全ての色は、私たちにとって全て必要な色です。そのため、目に見えない電磁波と違って副作用がないのです。即効性もないですが、使えば使うほど私たちに生きるためのエネルギーをもたらしてくれます。

もし、あなたが普段からよく黒や地味な色ばかり着ているとしたら、それはとてももったいないことです。食事と一緒で、バランスよく食べると健康になるように、色もバランスよく用いると心も体もどんどん元気になっていきます。さらには、目的や用途に応じて色の波長や周波数を使い分けていくことで、その目的や願望を叶えたり、未来を引き寄せたりするエネルギーとなって働いてくれるのです。

目をつぶって、カラーサングラスの色を変えて脳波を測った実験では、色は見えていないはずなのに、脳は色に反応しているという実験結果が得られました。目を開ければなおさらでした。**目をつぶっていても脳は色に反応している**とすると、色が私たちに日々与えている影響は大きいということがうかがえます（巻末ＱＲコード「チャクラグラス」参照）。

色が人に与える影響とは？
～五感の約7割を占める色～

色は目から入ってくる視覚情報だけだと思われがちですが、目をつぶっていて何も見えていなくても、触っていなくても、その色に囲まれているだけで、無意識レベルで体は反応しています。

測定器で「免疫」「自律神経」「ホルモンバランス」「脳波」を測っても、数値として如実に表れます。**色の情報は「五感の約7割」**と言っても過言ではありません。

そのため自分にとって相性のいい色を味方につけると、理性と本能のバランスを取りながらチューニングするので、本来の自分らしさを取り戻すことができるのです。他人の人生を生きているうちはつらいですが、本当の意味で自分の人生を生きるのには、色が一役買ってくれます。「**十人十色**」とはよく言ったものですが、あなたがあなたらしくあなたの人生・色を生きるために、力を貸してくれるのです。

「十人十色」を表す個性の色には、二つの世界があります。

一つは、目に見える外見の世界。見せ方や組み合わせ方といった、「やり方」やテクニックの世界です。もう一つは、目に見えない内面の世界。波長や波動、エネルギーといった「あり方」や本質の世界です。

色は「**物理的な世界**」と「**心理的な世界**」の両方があって存在し、どちらにもアプローチするので、あなたの目に見える「**顕在意識**」の世界も目に見えない「**潜在意識**」の世界も変えることができます。

色の影響力

①生理的な影響

（例）神経に影響を与える・血圧や脈拍を上下させる

②感情的な影響

（例）明るい気分にさせる・興奮させる・安心させる・リラックスさせる

③機能的な影響

（例）誘導する・理解や学習を増進させる・暗記力や回復力、認識力を増進させる

④文化的な影響

（例）政治や宗教、社会や文化的背景が分かる

色は「数値化」できる！
～色を正確に測る方法～

前述の通り、色を見るために必要な3つの要素は、**①光（光源）②物（物体）③目（視覚）**です。①光が、②物に当たって透過したり反射したりした光が、最終的に③目から入ってどのような感度で受け止められるのか。その①×②×③の3つの条件の掛け合わせで最終的な色が決まります。

色を見るために必要な視覚現象の三要素

①光源の情報は「**分光分布**」で分かります。
②光が物体に当たり、物体が光を取捨選択した後の、透過したり反射したりした光の情報は「**分光透過率**」や「**分光反射率**」で分かります。

色の見え方は3グラフの掛け合わせ

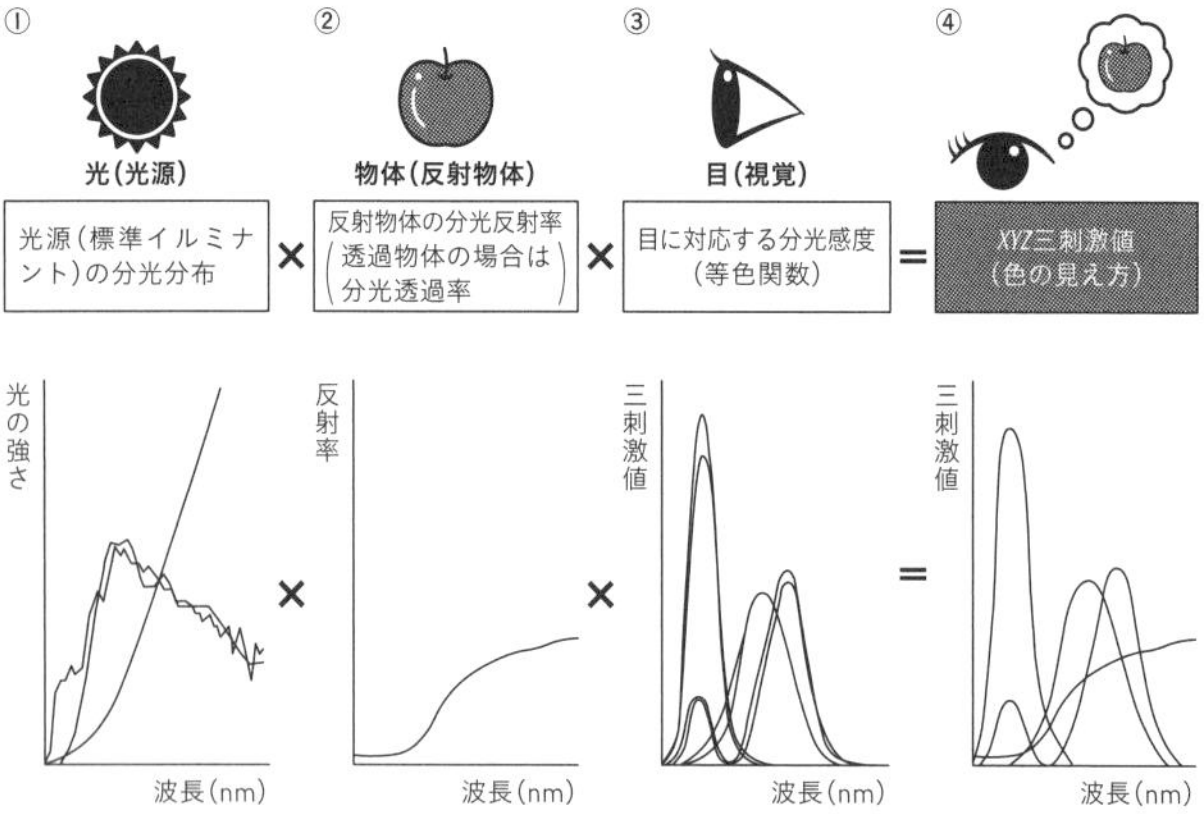

③目の感度を示す情報は「**分光感度**」や「**等色関数**」で分かります。

目の代わりに測色器を使って受光した光を測れば、色を数値化して分析することができます。

色を見る①光源×②物体×③視覚
色を測る①光源×②物体×③測色器

人間の目は**光の三原色**（**RGB＝赤緑青**）に対応する、3つのセンサーがあります。色を測る時には、その3つのセンサーの感度に対応した「**RGB＝XYZ**」**が埋め込まれた**「**測色器**」を使います。色を知る（測る）という作業は、光を知る（測る）という作業です。

色を数値化する仕組み

目から入ってきた光（目で受光した光）は数値化できませんが、器械に入ってきた光（器械で受光した光）は数値化することができます。その数値を見れば、どんな色なのかを分析することができます（巻末参考サイトQRコード2・コニカミノルタ「色色雑学」参照）。

例えば【RGB】＝【XYZ】といった、3種類の錐体を持つ人間の目の感度に寄せた器械である「**光電色彩計**」。他にも、人間の目の精度よりもかなり高く、波長ごとに細かく区切って色のエネルギーを測色する「**分光測色計**」というのもあり、「**分光分布**」を出すことができます。分光分布とは、光源から放射している光を波長ごとに分割・測定し、青紫から赤までの可視範囲の光がどの程度の割合で含まれているかを表した分布です。

「光電色彩計」を使って、人間の目と同じようにRGBの3つのセンサーのみで光を測る方法を「**刺激値直読方法**」。「分光測色計」を使って、それぞれの波長ごとに光を測る方法を「**分光測色方法**」と言います。

測色器を使えば、色の物差しに変換して色を数値化できます。その測色器にも、精度の違いなどさまざまな種類があり、色の物差しにもさまざまな種類があります。色の物差しについては次でお伝えしますが、いずれにしても色は決して感覚や感性の世界だけではなく、**物理的に数値化できて客観視できる世界**でもあるのです。

また、色の見え方や測色結果は、次のような条件によってもかなり左右されます。

①**光源の違い（光を当てる方向や角度など）**

入射する光が変われば当然目や測色器に入ってくる光も変わるので、色の見え方や測色結果も変わります。また物体によっては、たとえ同じ光源でも、物体に当てる光の角度によって変わる場合もあります。

②**物体の違い（物体の種類、物体の加工の仕方など）**

同じ紙でも紙質の違いや、たとえ同じ物体だとしても、サンドペーパーでこすってキズをつけただけで、色の見え方や測色結果が変わります。同じ素材だとしても、アイロンをかけただけで変わる場合もあります。

③視覚や機器の違い（光を受け止める方向や角度など）

同じ光と物体の条件でも、見る方向や受光する角度によって、色の見え方や測色結果が変わる場合もあります。

④錯覚による違い

大きさの違いによる色の見え方の変化（面積効果）・背景色の違いによる色の見え方の変化（対比効果）・挿入色の違いによる色の見え方の変化（同化効果）・記憶の違いによる色の見え方の変化（記憶色）などがあります。

⑤先天的本質や後天的変化の違い

個人差による色の見え方の変化やさまざまな色覚タイプの違いがあります。

世界の色の物差し

～色を記号や数値で表す方法～

長さを測る時はインチやフィート、ヤードやマイル。重さを測る時はグラムやオンスやポンドなど、世界にはさまざまな種類の単位や物差しがあります。それと同じように、**色を測る時にも世界中にさまざまな物差しがあります**。世界中で広く用いられる色の物差しもあれば、業種業界特有の物差しもあります。

（例）マンセル表色系、XYZ (Yxy) 表色系、$L^*a^*b^*$色空間、$L^*C^*h^*$色空間、ハンターLab色空間など（巻末参考サイトQRコード2・コニカミノルタ「色色雑学」参照）

色の世界は、私たちが住む地球と同じように立体的な三次元（3D）の球体でありグラデーションの世界ですが、それをどのように切り分けて目盛りをつけるか、どのように二次元に落とし込むかなどは物差しの違いに現れます。全て説明するとキリがないので、今

L*a*b*の色調図（明度と彩度）

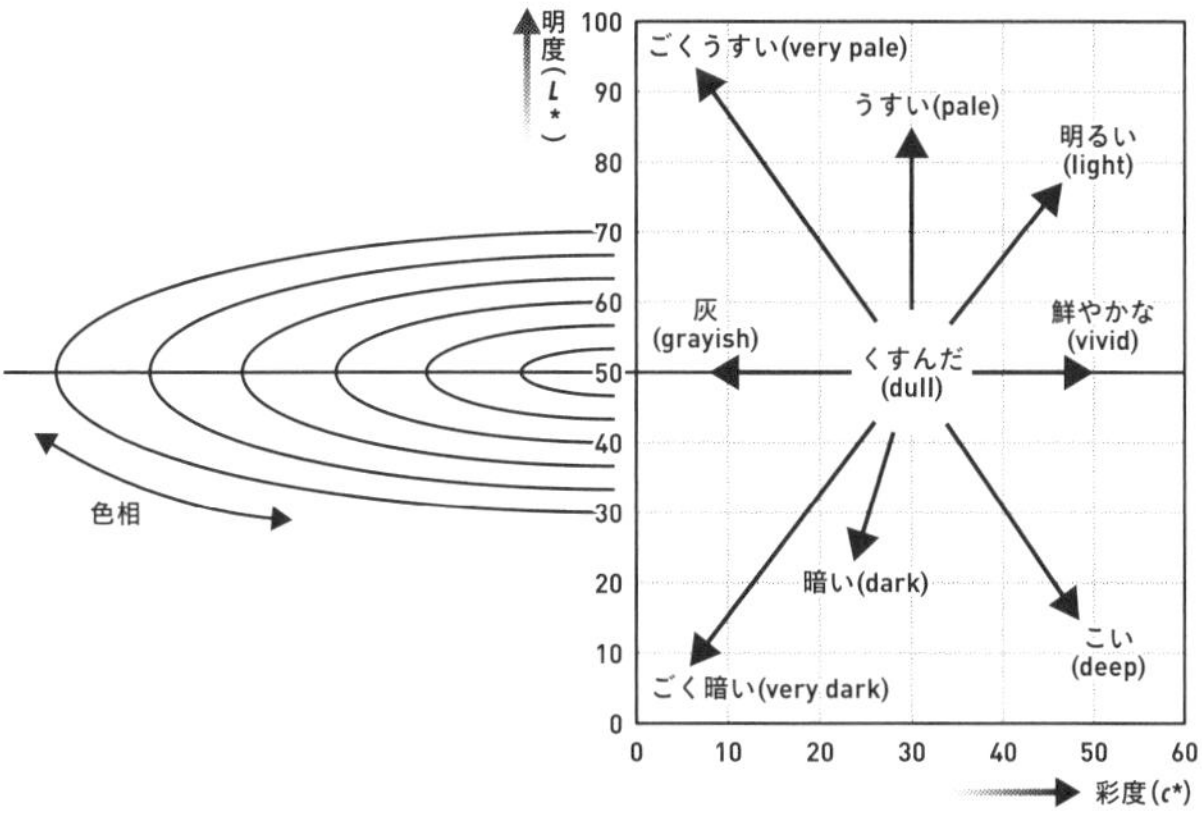

のところポピュラーとされている**L*a*b*色空間**を筆頭に、**マンセル表色系、XYZ表色系、PCCS（日本色研配色体系）、DICカラーガイド**について簡単に紹介します。

L*a*b*色空間

1976年に国際照明委員会で規格化されて、日本でもJIS（日本産業規格）において採用されているものです。明度（明るさ）を縦方向、色相（色み）と彩度（鮮やかさ）を示す「色度」を、中心からの角度と距離で表します。

水平方向に見てどの方向（角度）になるかで色相が決まり、**中心から離れるほど鮮**

やかに、中心に近づくほど穏やかになります。$L^*a^*b^*$の数値はそれぞれ、L^*は明るさ（明度）、a^*b^*は色度（色相と彩度）を表します。

マンセル表色系

アメリカの画家であり美術教育者であったアルバート・マンセルが作った表色系を、1943年にアメリカ光学会が視感評価実験によって修正したものが、現在のマンセル表色系です。色相のことをHue（ヒュー）、明度のことをValue（ヴァリュー）、彩度のことをChroma（クロマ）と言い、それぞれの頭文字を取って、HV/Cで色を表します。色票がなくても、数値で細かく刻んで色の三属性で表示できます。

（例）2.5R 4.2/11.5（色相：2.5R　明度4.2　彩度11.5）

XYZ（Yxy）表色系

実在する色光[R][G][B]という、原色の混色で再現できない色を表現した、実在しない原色（虚色）を[X][Y][Z]とし、また[R][G][B]におおむね対応した色とします。これらを「**原刺激**」と呼び、三つの原刺激（三原刺激）[X][Y][Z]の混色量である「XYZ」で示される数値を「**三刺激値**」と言います。Yは緑成分とともに原刺激の中で唯一「明るさ」を表す刺激値です。

XYZ表色系のように、色を数値化したことで色は科学として大いに発展しましたが、三刺激値は虚色の混色量なのでXYZの値を見てもすぐにどのような色かを判断することは困難です。そのため、実際には三刺激値（三原刺激の混色量）の比率を用いた「**色度図**」で表現されることが一般的です。再現可能な色再現域を表す時によくこの色度図が使われています（巻頭カラー図6参照）。

巻頭カラー図6の色度座標のx軸は、数値が大きくなるほど「赤み」の比率が増し、数値が小さくなるほど「青み」の比率が増します。y軸は数値が大きくなるほど「緑み」の比率が増し、数値が小さくなるほど「青み」の比率が増します。「$x = 0.33$」の箇所は赤みの混色量が約33%であることを示し、「$y = 0.33$」の箇所は緑みの混色量が約33%であ

XY色度図(簡易版)

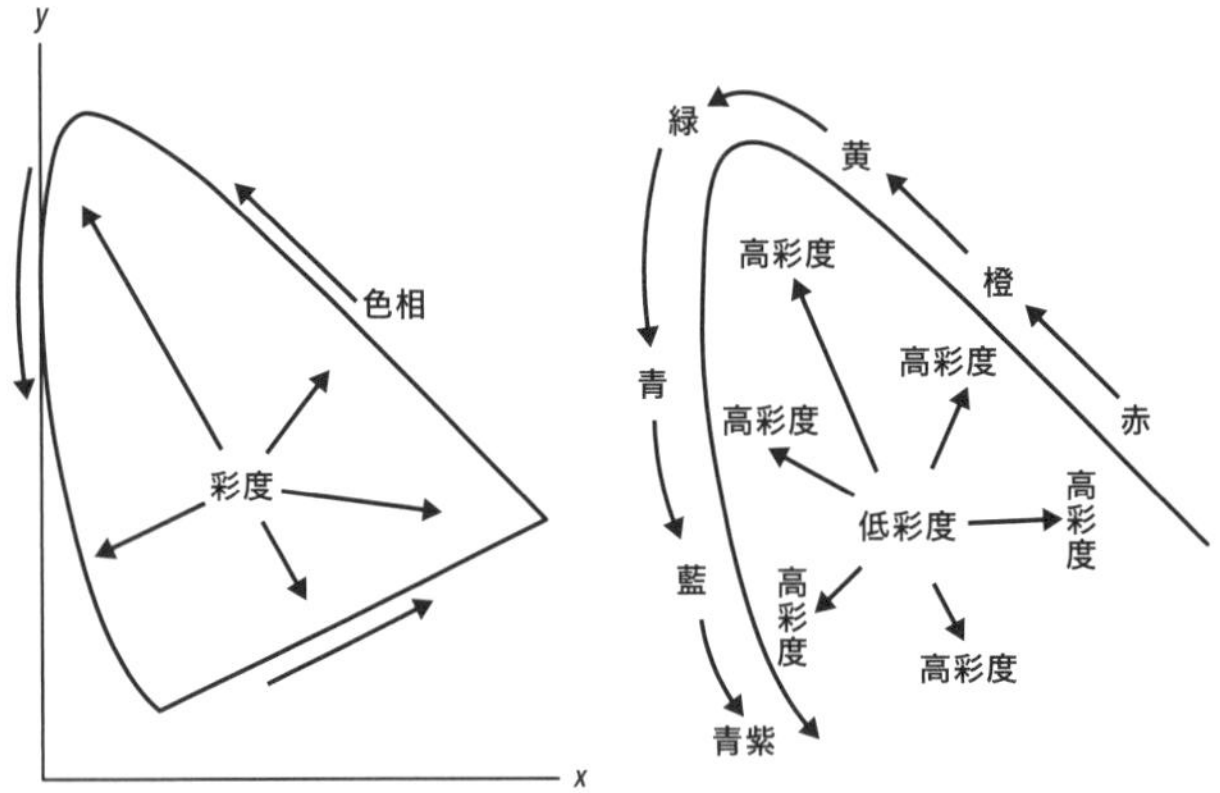

ることを示します。この位置の近くは、残りのzも約0.33（約33％）になり、[R][G][B]の混色の結果は白色となりますが、ここは「**白《はく》色点《しょくてん》**」と呼び、最も低彩度となる部分です。

釣鐘《つりがね》状に湾曲している部分は「**スペクトル軌跡**」と呼び、「赤・橙・黄・緑・青・藍・青紫」といった色相の違いを表しています。直線上の部分は「**純《じゅん》紫《むらさき》軌《き》跡《せき》**」と呼び、スペクトルに含まれない紫と赤紫、またその混色の部分を表しています。

中心の白色点から周辺のスペクトル軌跡、または純紫軌跡の方向に向かうにしたがって低彩度から高彩度へと移行し、彩度の違いを表しています。三刺激値を混色した結果できる色は、全てスペクトル軌跡と純紫軌跡で囲まれた領域の内部に位置することになります。

PCCS表色系（日本色研配色体系）

一般社団法人日本色彩研究所が開発した表色系（カラーシステム）で、イメージにあった配色を考えるのに適したものです（巻末参考サイトQRコード1・PCCS色相環参照）。明度と彩度が似たもの同士を集めて「トーン（色調）」にまとめているので、もともと色の三属性の三次元（3D）の色立体の世界を、色相（Hue）と色調（Tone）で二次元の平面上で一覧できます。そのため、PCCSは別名「**ヒュートーンシステム**」と呼ばれています。PCCSの色の表示は、「トーン記号と色相番号」で表すことができます。

（例）v2　ビビッドの2番

DICカラーガイド

DIC株式会社（旧：大日本インキ化学工業株式会社）によって、1968年に作られた色見本帳。DIC-（ディーアイシー　ハイフン）から始まる色番号で管理され、印刷業界を中心に、グラフィック全般・ファッション・インテリア・プロダクトなどの幅広い分野、かつ世界中で活用できます。**色指定や色指示、色彩管理**などによく使われています（巻末参考サイトQRコード3・DICカラーガイド参照）。

全ての色に詳細な名前がある!?
～色名のお話～

色を記号や数値で表す方法と違って、言葉で表す方法はアバウトで、かなりの色幅を伴った領域です。色名が表す色の範囲は人によっても異なりますし、業種業界や国によっても異なります。

実際には緑色の信号のことを「青信号」、緑色の野菜を「青菜」や「青果コーナー」、新緑を指して「青々とした緑」などと表現することもあります。日本語では緑色のリンゴを「青リンゴ」と言いますが、英語の色名ではやはり「apple green」であって、決してapple blueとはなりません。

日本語の古来の色名は、いずれも「～い」と表現できる「白・黒・赤・青」からスタートしたと言われています。万葉集の「あをによし」（奈良の枕詞）では、「青丹」（あおに）という土の色という説や、「あを」は新緑の木々、「に」（丹）は神社の朱色の柱を指し、色相の対比を示しているという説もあります。青（あを）から現代の緑と青に分化したと言われていますが、赤ちゃんは言葉を理解する前から青と緑の区別がついているとも言われています。

色を言葉で表す方法の利点といえば、色名を伝えることで、それが持つ言葉のイメージや世界観といった、受け取る側の人の想像力を掻き立てられることです。

広く一般的に、慣用的に使われている色名は「**慣用色名**」としてＪＩＳ（日本産業規格）に２６９色制定されており、色名に修飾語をつけて色を系統的に表す「系統色名」で表現する方法もＪＩＳに制定されています（巻末参考サイトＱＲコード４・ＪＩＳ慣用色名参照）。

色名の隣にＲＧＢの値や、マンセル値などが参考値として書かれている場合もありますが、それはあくまで参考の値で、色名に対して１対１のイコールで該当するものではありません。なお、慣用色名とは広く慣用的に使われている色名で、和色名、外来色名、伝統色名、流行色名などが含まれます。

慣用色名（和色名、外来色名、伝統色名、流行色名）と系統色名の例

●和色名「桜色」／系統色名「ごくうすい黄みの赤」
（参考マンセル値「10RP 9/2.5」・参考RGB値「253、238、239」）

●外来色名：「ベビーピンク」／系統色名「うすい赤」
（参考マンセル値「4R 8.5/4」・参考RGB値「250、219、218」）

●伝統色名「茜色」／系統色名「こい赤」
（参考マンセル値「4R 3.5/11」・参考RGB値「183、40、45」）

●流行色名「新橋色」／系統色名「明るい緑みの青」
（参考マンセル値「2.5B 6.5/5.5」・参考RGB値「100、188、199」）

※和色名でもあり伝統色名でもあるため、一概には分別しきれない場合があります。また、同じ色でも、いろいろな表色系（色の物差し）や、いろいろな色名で表すことができます。

色の世界にも法律がある!?

～色の世界の決まりごと～

色の決めごととして代表的なのはＪＩＳが定める「**ＪＩＳ安全色**」です。安全色として「**赤・黄赤・黄・緑・青・赤紫**」の６色が規定されており、それらを引き立てる「**対比色**」として「**白・黒**」の２色が規定されています。

２０１８年策定の「改正ＪＩＳ安全色」では、世界に先駆けて「**ユニバーサルデザインカラー**」が採用され、視覚機能が弱いロービジョンのような障害を持つ人を含めた、さまざまな色覚タイプの人に配慮して各色の値が決められています。安全色は主に安全標識などに使われ、見える形で安全を喚起しています。

色が認識しづらい方にも分かりやすい、見えやすい配色にするためには、色相の差でも彩度の差でもなく、「**明度差**」をつけることもポイントです。一番分かりやすい方法は、カラーデザインしたものを一度白黒コピーで出力してみることです。白黒コピーでもきちんと差がついて見えるということは「明度差がある」ということになります。

ちなみに、色や音で「商標」を取ることもできます。図形などと組み合わせなくても、色彩のみで商標を取れるように法律が改正されました。ただし色彩のみからなる商標は、単一の色彩でも色彩を組み合わせた商標でも、本来的に識別力は認められませんが、使用により「識別力」を獲得することによって、需要者が商品または役務の出所を認識することができるようになったものについてのみ、その登録を認めるべきとされています。

例えば、「青・白・黒のトリコロール配色」と言えば「トンボ鉛筆のMONO消しゴム」といったようなことです。長年にわたりそのデザインが使用され、その色彩が特定の商品を想起させるようになれば、色彩の商標登録が認められるということです。

色で記憶させ、色で識別させることができたら、シメたものです。それこそカラーブランディングの最たる例と言えるかもしれません。

世界のトレンドは色から決まる!?

~色から始まる流行の話~

トレンド（流行）は作られるもので、それも「色から決まる」と言うと驚かれるでしょうか。もちろん自然発生的に生まれる予期せぬ流行もありますが、実は市場の消費活動を促すための流行である**「流行色」は、実シーズンの約2年前にはすでに世界レベルで決められている**のです。

そして実シーズンの約1年半前に、パリのプルミエールビジョンといった展示会や、ニューヨークに本部を持つコットン・インコーポレイテッドといった機関などで、繊維やテキスタイルなどの素材と共に情報が発信されます。

次に、パリやローマのオートクチュールコレクションで、1月に同年の春夏向け、7月

JAFCAカラートレンド情報の流れ

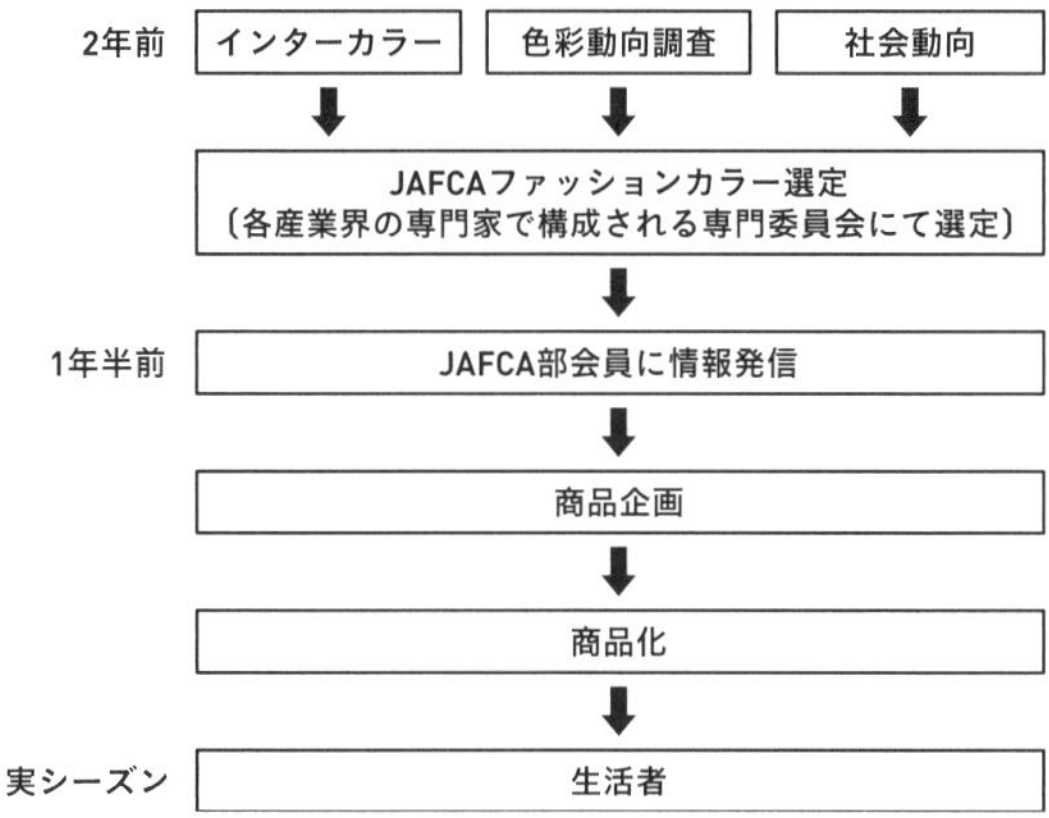

に同年の秋冬向けが発表され、ニューヨーク・ロンドン・ミラノ・パリといったプレタポルテコレクションで2～3月に同年の秋冬向け、9～10月に翌年の春夏向けが「形」と共に発表されていきます。

デザインの三要素は色と素材と形ですが、流行が「色→素材→形」という順に落とし込まれていくのはなぜでしょう。それは、デザインの三要素の中でも色は特に、**社会情勢や社会背景、人々の深層心理や気分といったものとかなり密接に関わっている**ためです。現状の社会情勢から約2年後の社会情勢を予測し、その時に人々の心理や気分に求められる色が予測されるのです。色は人々の情動を動かし、市場をも変える力があると言っても過言ではありません。

国際流行色委員会（インターカラー：International Commission for Color）という組織をご存知でしょうか。国際間で流行色を選定する唯一の機関です。１９６３年に３カ国主導で発足したのですが、実はフランスやスイスとともに日本もその発起国の一つです。加盟国は常に変動しており、２０２０年12月現在、17カ国が加盟しています（アメリカ・イギリス・イタリア・インドネシア・韓国・スイス・スペイン・タイ・中国・デンマーク・ドイツ・トルコ・日本・ハンガリー・フィンランド・フランス・ポルトガル）。

各国の加盟国を代表する非営利の色彩情報団体は1団体ずつで、日本を代表する団体は１９５３年に創立された「**一般社団法人日本流行色協会**」（**JAFCA**《ジャフカ》：Japan Fashion Color Association）です。各国の代表団体は、まずそれぞれの国内で色彩調査や生活者の意識調査を行い、その結果を持ち寄って、6月と12月の年2回開催されるインターカラーの会議に参加します。そして各国の発表や提案が済んだ後、加盟国で議論し、各産業界で約2年後に用いる色を選定しています（6月には2年後の春夏カラー、12月には2年後の秋冬カラー）。

その後JAFCAでは、インターカラーで決定された情報を基に、各分野の動向に精通したスペシャリストで構成される専門委員によって、日本の産業に向けた最先端のカラートレンド「JAFCAファッションカラー」を選定・発信します。それは、JAFCAが国内市場に向けて選定する最先端のカラートレンド情報で、カテゴリーには、メンズウェア・レディースウェア・メイクアップ・プロダクツ&インテリアの4つがあります。

色の語源と漢字の成り立ち

～十人十色の真の意味～

なぜ、その人の個性やらしさを「十人十色」と、「色」という言葉で表すのでしょうか。英語で人間のことを「Human」と言いますが、Human の Hue（ヒュー）は「色相（色みの違い）」という意味です。

諸説ありますが、**色の語源は「血のつながり」があることを表す「いろ」**で、もともと「兄」を表す「いろせ」、「姉」を表す「いろね」などの「いろ」でした。それが後に「男女の交遊」や「女性の美しさ」を称える言葉となり、その美しさが「色鮮やかさ」となって、現在の「色彩」そのものを表すようになったとされています。

それでは「色」という漢字の成り立ちは、一体どこからきているのでしょうか。実は、かがんだ女性とかがんでその上に乗った男性とが体を擦り寄せて交わるさまを描いた象形

「色」の漢字の成り立ち

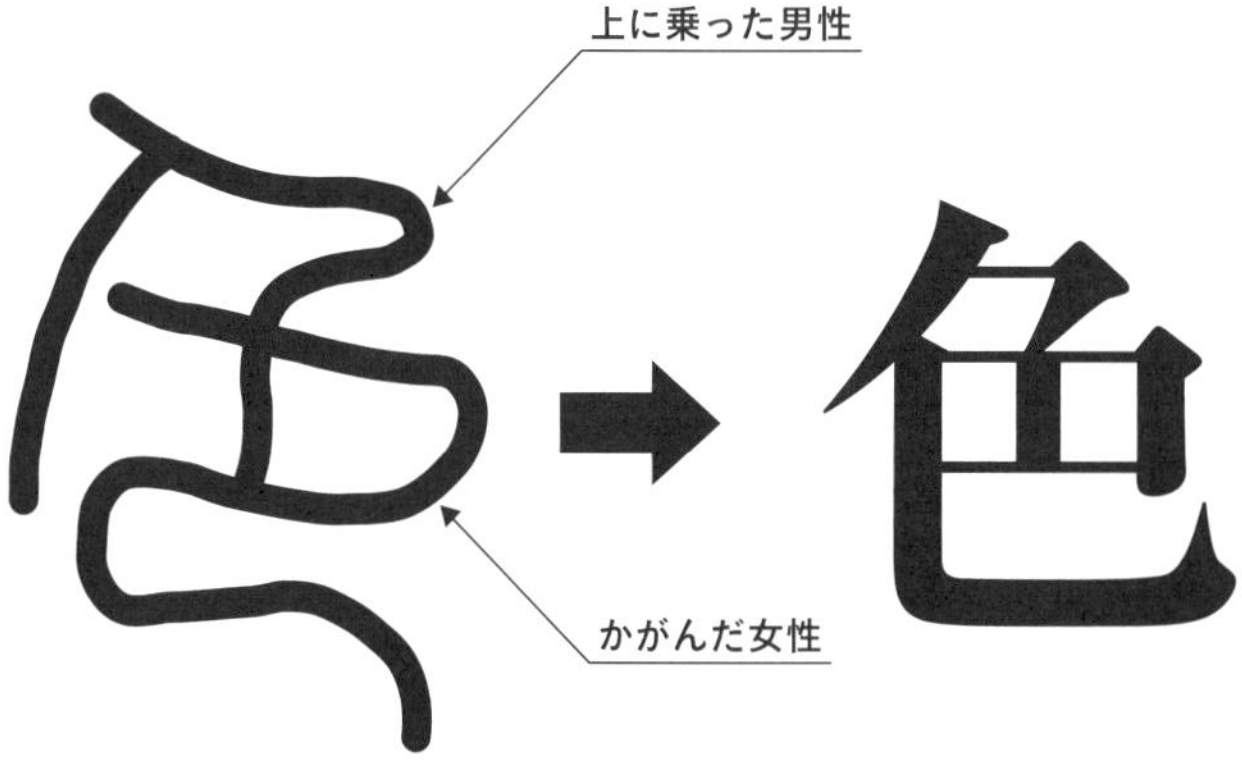

文字から来ています。男女の交わりには容色が関係することから、「顔や姿」「いろどり」などの意味になります。
（例）英雄色を好む・好色・色男・色魔・色欲・色っぽい・色気・色情・色事・色艶・色恋沙汰など

また、「豊かな色」と書いて「艶」ですが、物理的にも心理的にも艶はないよりあった方がいいですよね。そんなあなたの人生における「艶」も、色はもたらしてくれるのです。

ちなみにご先祖さまを10代辿ると何人になるかご存知でしょうか？
答えは１０２４人です。両親から10代前までの人数を足していくとその数なんと２０４

6人。それぞれの出会いの奇跡が一つ欠けただけで、あなたという個性の色はこの世に存在しなかったわけです。成功者の多くは、ご先祖さまに思いを馳せて家系図を作ったり、日頃の感謝やお墓参りを欠かさなかったりするのも頷けます。

余談ですが、ことわざの「英雄色を好む」とは、「英雄（卓越した知識や技術といった力を持ち、人々に賞賛される素晴らしい行為を行う人）と言われる人は全てに精力的であるため、女色を好む（性的活力に溢れている）傾向も強い」という意味です。

実は色のエネルギーは、実際に物理的にもそのようなエネルギーをアップさせることができます。ただし条件は、見た目に似合う色や好きな色というだけではなく、「目に見えない自分の波長に合う色」を使うこと。

いい出会いがない、なかなか子どもに恵まれない、といった人に限って好きな色は黒であったり、いつも無難な定番色ばかり身につけていたりします。まずは下着やシーツの色から見直し、出会いの場所に着ていくファッションの色を変えてみてください。

あなたが〝英雄〟になれる最後のカギは、あなたの色使いかもしれません。

第4章

知って得する！
色で操る心理と行動

色で「心と体」「理性と本能」のバランスを整える！

色の正体が光の刺激であることはすでに述べましたが、目から入る光の刺激（**光の電気信号**）の質を意識的に変えることで、脳へと伝わる情報信号も物理的に変えることができます。理性を司る**大脳皮質**（**認知脳**）はもちろんのこと、感情を司る**大脳辺縁系**（**感情脳**）、身体感覚を司る**脳幹**（**生存脳**）といったあらゆるところに光の刺激は届きます。

大脳辺縁系にある扁桃体という場所は特に本能的な情動を司り、性欲や食欲をも司ります。また、体とも密接に関わっているので、「自律神経」「免疫」「ホルモンバランス」といった無意識の部分に、いい意味でも悪い意味でも指令を発しています。

何気なく一緒に過ごしている色にいい影響を受けていれば安心なのですが、そうでない場合もあります。あなたは色で損をしてはいませんか？　理性と本能のバランスを上手に

光の刺激（色）を変えれば、脳波が変わる

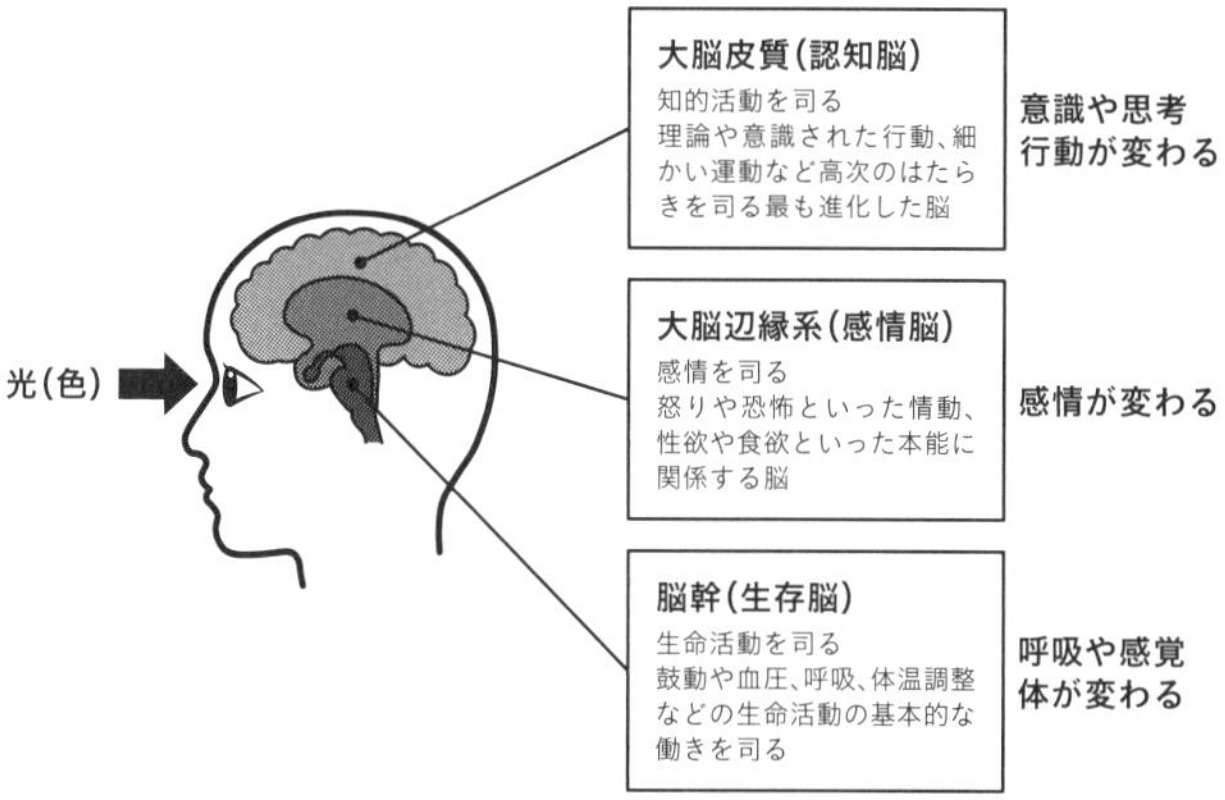
光（色）
大脳皮質（認知脳）
知的活動を司る
理論や意識された行動、細かい運動など高次のはたらきを司る最も進化した脳
意識や思考
行動が変わる
大脳辺縁系（感情脳）
感情を司る
怒りや恐怖といった情動、性欲や食欲といった本能に関係する脳
感情が変わる
脳幹（生存脳）
生命活動を司る
鼓動や血圧、呼吸、体温調整などの生命活動の基本的な働きを司る
呼吸や感覚
体が変わる

取りながら心も体も元気になれる色、あなたと特に相性のいい色は、調べられる時代なのです。生まれ持ったあなたの波長を調べられるので、変わらず一生使うことができます。これを機に一度調べてみてはいかがでしょうか。

また、カラーグラスを身につければ、目から入ってくる光の刺激を自由に変えることができます。ということは、脳へと届く光の刺激を変えられるので、意識的に無意識レベルの本能や体への影響をも変えることができるのです（巻末QRコード「チャクラグラス」参照）。

色で目指せる世界平和

～依存症や犯罪率も抑えられる!?～

「大人の塗り絵」の人気が示しているように、塗り絵には癒し効果があることが分かっています。さまざまな色が脳を効率的に刺激し、塗り絵という行為自体も脳全体を刺激する「脳トレ」に近い作用があります。実際に色を自由に使って「塗る」という行為自体が、言葉や暴力に頼らなくとも「感情」を発散することにつながるのでしょう。平均寿命が短命だった時代でも「画家は長生きする」という逸話もあったほどです。

また、**犯罪抑止効果があると言われる青色**にも注目が高まっています。イギリス北部の都市グラスゴー中心部のブキャナン通りというショッピングストリートで、景観改善を目的に、オレンジ色の街灯を青色に変えたところ、なんと犯罪が激減するという現象が起きました。なぜ犯罪を減少させるのかについてはいくつかの要因が考えられますが、**夜の暗**

がりで青色は、昼間に比べて明るく鮮やかに見えるという人間の目の感度（プルキンエ現象）も一部関係していると言われています。

本能的な衝動の鎮静効果があるため、衝動的な犯罪を抑制することが期待できるという見解もあります。**青色を見ると「セロトニン」という神経伝達物質（脳内ホルモン）が分泌される**ことが一部言われており、一般的にセロトニンは癒しホルモンとも呼ばれ、精神を安定させる効果が期待できるという見解もあります。青い色のライトを使ったら、駅の自殺発生率を下げることができた、という日本の鉄道会社による報告もあります。

工場の生産効率や勉強の学習効率を上げる効果がある特定の青色蛍光灯も、次世代蛍光灯として注目を浴びています。色の刺激で脳への刺激を変えられることを考えると、色の可能性はまだまだ無限にあります。

色で使い心地も変えられる!?

〜色とパフォーマンスの関係性〜

「白」も「黒」も立派な色の一つですが、視覚が持つ「境界」を利用することで、見た目も使い心地も新鮮な「白と黒で書くノート」があるのをご存知ですか？

中面の紙が「灰色」という今まで見たことのないノートに「白と黒で書く」ことで、ノートの可能性が広がります。視覚には紙の色に対して暗い色の文字と明るい色の文字は同時に読みにくい、という性質があるので、「白と黒で書くノート」はその性質を利用し、白いペンと黒いペンを使い分けることで、大切な部分を際立たせたり、周辺情報を十分に記せたりと「視認性」のいいノートを作り上げることができます。

たくさんの色を使わなくても重要な部分を目立たせられるので、洗練されたシンプルなノートになります。シンプルかつ使い勝手もいいノートで、作業効率も上がります。

ただ色数を増やしてカラフルにすればいいということでもなく、ノートでもプレゼン資料でもチラシでも、**メインカラー（約70%）**、**サブ（アソート）カラー（約25%）**、**アクセントカラー（約5%）**と、3色くらいまでに抑えるのが妥当です。ダイバーシティ（多様性）を色で強調したいなら別ですが、それ以上の色数になると煩雑で散漫になり、記憶にも残りにくくなる傾向があります。

それぞれの色にしっかりと意味を持たせたり、明度差を操ったりすることがとても大事です。これなら、色覚があまり高くない人にとっても十分伝わりやすいノートができます。色で使い心地やパフォーマンスも変わってきます。何度もお伝えしている通り、色を変えることで、脳への刺激が変わるわけですから。

また、「**パフォーマンスが上がる色は、その人によって違う**」ということも分かっています。

『一流になりたければ、その「色」を変えなさい。』（きずな出版）の著者である庄島義博先生は、体を使ったパフォーマンスと色の関係性を、タイムやスコア、距離といった数値で分析しています。その結果、青色は集中力が増す・赤色はやる気が出る・緑色には癒し効果がある……などというのは「人による」ということを述べていらっしゃいます。

色がもともと持つ一般的なイメージやメッセージももちろんありますが、それが自分にとってそうであるという保証はどこにもないのです。色も波長はそれぞれですし、人も波長はそれぞれなので、波長が合う・合わないといったその相性を見極めることがとても大切です。人間同士でも、波長の合わない人と一緒にいるとやる気が出ず、パフォーマンスも下がります。その逆に、波長が合う人と一緒にいると、楽しみながらパフォーマンスも上がり、時間があっという間に過ぎる感覚になります。

色もそれぞれに波長があるので、相性のいい色を味方につければ、自分のパフォーマンスを上げることだってできるのです。

色で売上も上げられる!?
～広告・購買に隠された色の力～

「パッケージ買い」という言葉があるように、販促における見た目の影響力は絶大です。なぜかと言うと、何度もお伝えしている通り五感の約83％は視覚だからです。中でも色は視覚の約80％以上を占め、ある意味理屈なしに感情や情動を揺さぶる力があるので、魅力的な色使いは言わずもがな売上に直結します。中身のイメージをそのまま崩さない表現、もしくはそれ以上の魅力を発揮するパッケージはやはり売上に絶大な貢献をしてくれます。

色彩が人に与える「心理的特性」や「生理的特性」を生かし、商品の価値を生み出したり効果を高めたりして、いかに売上を上げられるかを目的としたマーケティング手法を「**カラーマーケティング**」と言います。色を効果的に使うことによって、消費者の目に止まるような強いインパクトを与えたり、実際の購買につなげたりすることが可能になります。

四大販売色と言われ、人を飽きさせずにいつの時代もロングセラーになりやすい「**赤・青・白・黒**」に加え、その商品における「定番色」や、現在人気で実際に「売れている色」、今年の「トレンドカラー」、他にも業界ライバル社の調査を基に、あえて「反対色」や「市場にない色」を投入する手法もあります。

また、売れ筋の色以外に「捨て色」というものを投入する場合もあります。捨て色とは、カラーラインナップを並べた時に、イチ押しの色を引き立てるための色のことです。実際に売れないことを想定しながらも、あえて在庫を少なめにしてカラーラインナップに投入するのです。そのようなカラーバリエーションを考える際は、その商品が実際に店頭でどのようにディスプレイされるのかなど、全てを考慮して考える必要があります。

市場の商品に使われる色には、「なんとなく」で決められているものはどれ一つとしてなく、その商品が伝えたいイメージやメッセージ、世界観といった、並々ならぬ背景やストーリーを含めて、それを色に乗せて体現しています。

「色を言葉のように扱う」とも言われますが、伝えたいイメージやメッセージと色の波動が合うと、エネルギーは倍増し、より魅力的な色使いとなって人々の心を突き動かし、最終的に売上アップへとつながっていくのです。

波長の長さによる与えるメッセージの違い

- 長波長：大胆で活動的でダイナミックな直球メッセージ
- 中波長：あらゆる全てのバランスや中庸を保つ安心安全や平和のメッセージ
- 短波長：繊細で控えめ、客観的で冷静かつ着実なメッセージ

周知や認知も色で決まる!?
～カラーブランディングの醍醐味～

カラーブランディングの醍醐味は、何と言っても「色のない世界はない」ことが挙げられます。一度色が決まれば、商品パッケージ・チラシ・ポップ・ポスター・ホームページ・SNS・CM……などあらゆるところにその色を反映していけばいいのです。これだけで五感全体の約66%のイメージを整えることができます。そして、人々の無意識や潜在意識も揺さぶることができるのです。すごいと思いませんか？　色によってブランド認知が約80%アップするという調査結果もあるほどです。

また、多くの物事は（素材や形ではなく）色のイメージによって記憶されている、とも言われています。例えば、ブランドやロゴマーク、デザインを忠実に再現せよ、と言われると躊躇してしまいますが、色だけであれば再現できそうな気がしますよね。色だけでブランドを想起させることができたらしめたものです。

「色→素材→形」と流れていく世界のトレンドと同じで、本当は「色から始まるデザイン」があってもいいはずですが、現場では色が後回しになっていたり、「なんとなく」で片づけられていたりすることもあるのが現実です。色をきちんと決めさえすれば、すでにブランディングは完了している、と言っても過言ではありません。ただ、後から変更したり統一したりするのは至難の業なので、最初が肝心です。

また、気をつけなければならないのは、紙であろうと、プラスチックであろうと、画面の光であろうと、どんな媒体でその色を見ても「同じ色である」と感じてもらえるように、**色を統一していくこと**です。すなわち、**カラーマネジメントやカラーコントロールが重要**であるということです。

一度決めたらそのブランディングが浸透するまで、使って使って使い抜く、守って守って守り抜く、といった徹底した気概も必要です。ブレている人で成功している人がいないように、色をコロコロ変えていてはいつまで経ってもブランドの認知につながりません。浸透するまで使い続けることが第一歩。それから飽きさせない工夫として、色はそのままに、季節ごとに質感表現を変えて色のシズル感を上手に演出するなどした、次のステップを考えればいいのです。

「色で売る！」カラーブランディングの成功例

カラーブランディングを成功させた一例として、サントリーの「角ハイボール」を挙げて説明します。「ウイスキーはオジさんが飲むもの」というイメージにより売上が低迷していた時代、角イエローで再起を図ったのが功を奏して、ブランドの再認と再構築に成功しました。

商品そのものを想起させる色を、シンプルに分かりやすく全面に配置した広告戦略。季節ごとに変わる簡潔なキャッチコピーや、リアリティのある質感表現も秀逸です。色はあえて変えずに、夏はヒンヤリと冷えた氷のような質感表現、冬は暖かい唐揚げの油との質感表現などで飽きさせない工夫も満載です。広告戦略において欠かせない「視認性」「誘目性」「可読性」なども高いことが分かります。

今では、ハイボールという文字が書いていなくても、あのスッキリとしたイエローを見ただけで、なんとなくハイボールを飲みたくなるという人も多いのではないでしょうか。

「色で売る」という言葉もあるように、商品の中身を変えなくても、**広告戦略の色使いを変えるだけで、十分リブランディングや売上アップは可能**なのです。

他にもカラーブランディングに成功している会社やブランドはたくさんあります。色が愛称や通称として呼ばれているところは、世界的に見てもその最たる例です（コカ・コーラレッド、フェラーリレッド、カルティエレッド、エルメスオレンジ、スターバックスグリーン、ティファニーブルーなど）。

ブランドとして魅力的なのはもちろんのこと、色としても魅力的に体現しているところがほとんどです。消費者が、文字や名前がなくても色を見ただけで特定のブランドをイメージしたらしめたものです。

第5章

パフォーマンスを左右するアレコレ

～「バースカラー」内面・潜在意識編～

自分のリソースを生かす「十人十色」

前述しましたが、色の語源は「血のつながり」です。自分の「十人十色」の本質や強みといったリソースは血のつながりがある両親からきています。両親と別れてしまおうが、両親に対してどんな感情を抱いていようが、自分の父親と母親がこの世界でそれぞれたった1人なのは、まぎれもない事実です。

言うまでもなく運命は自ら切り開くものですが、自分の本質や強みといったリソースに気づいて生かせる人は、やはり強いです。世界で一つだけの花を咲かせようとする時に、その種が分からなければ育て方も分からないですが、知っていれば育て方が分かりますよね。それと同じようなことなのです。

チューリップはタンポポになれないように、タンポポもチューリップにはなれません。自分と違う花を咲かせようとするのは不可能なので、自分の花を咲かせることに一生懸命になればいいのです。緑は赤にはなれないし、赤も緑にはなれないのだから、自分の色を輝かせて、その輝きで人の役に立てるように努力した方がいいと思いませんか？

加えて、反対色の赤と緑でも、相手を自分の色で染めようとしたり変えようとしたりせずに共存すれば、緑の葉と赤い花、緑のお茶のパッケージに赤い刻印、赤身の刺身に緑のバラン……といったようにお互いの足りないところを補いながら、生かし合いながら、共存することができるのです。いい配色を作ることは、まるでいい人間関係を作っていくのと一緒です。

さて、「十人十色」のあなたの色は、一体何色でしょうか。みんな違っているように見える個性もそれぞれ思う存分輝かせれば、究極、元をたどれば一つの光の存在になっていきます。

「潜在意識の色」と「顕在意識の色」

色は「理性と本能」「顕在意識と潜在意識」の両方にアプローチする力があります。寝ても覚めても常に色を感じているので、真っ暗闇の中で目をつぶって寝ていても、その枕カバーやシーツ、下着やパジャマの色を体は感じ取っています。それによって、寝つきや寝起きだけではなく、眠りの質まで変わるとしたらいかがでしょう。眠りの質は美と健康にも密接に関わるので、あなたの**「免疫」「自律神経」「ホルモンバランス」にまで影響を及ぼしている**のです。いい眠りは、いい「パフォーマンス」にもつながります。

あなたの潜在能力を上げるために、あなたがやることは自分と相性のいい、波長の合う色を調べて意識的に使うだけ。たったそれだけで、あなたの約90～95％を占める無意識レベルが変わり、目の前の現実が変わっていくとしたら。努力もいらない、コストもかから

色は潜在意識にもアプローチ

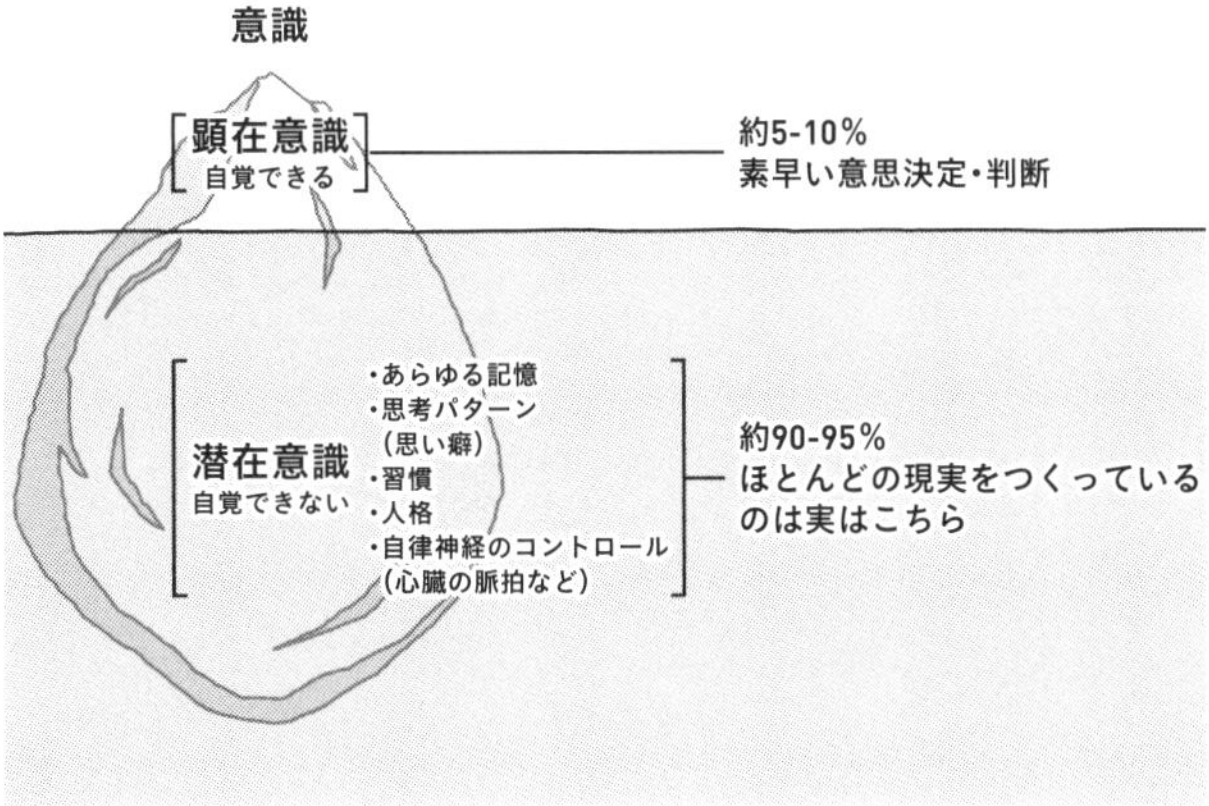

ないのに、しっかりと習慣が変わり結果も出るとしたら……いかがでしょうか？

色を意識的に使うことで、もちろん**顕在意識（見た目）も変わり、自覚できない無意識である潜在意識（中身）も整えることができます**。そうすることで、現実の世界がどんどん変わっていきます。

また、理性と本能のバランスを上手に整えるのも色の力です。あなたの行動を邪魔しているかもしれない、あなたが長年培ってきた記憶や思い込み、なかなか取れない癖を、上手に剥がして整えてくれるのが「色」の力です。本能全開で生きるとなると社会が成り立ちませんが、理性が優位になりすぎるのも本能が苦しくなるものです。

色は、理性と本能のバランスを保ちながら、本来の「あなたらしさ」に立ち返らせてくれます。そして、自分の色を味方につけるとガソリンのように働いてくれるので、自分のパフォーマンスがアップします。何度もお伝えするように、色の正体とはあなたがあなたらしく生きていくために必要なエネルギーなのです。

習慣を色で変える⁉
～根強い「三日坊主」気質も色で撃退～

人には、先天的に持っている本質や強みといったリソースと、後天的に学びや経験を得て培っていくものの両方があります。後者は、今まで体験してきたあらゆる経験や記憶、知らず知らずのうちに身についた習慣や癖、長い年月で培ってきた思考パターンや人格などです。それらはなかなか一朝一夕で変えられず、努力して修正しようとしても、まさに三日坊主となっていつもの自分のクセに戻ってしまうことも多いと思います。

そんな時は、やはり「色」に頼ってみましょう。例えばインテリアの家具や、カーテンやカバーといったファブリック類、絵画や置物といったインテリア小物など、いつも部屋の中にあって自然に目に入る物の色を意識的に変える。目には見えないけれど、寝ている間のシーツや枕カバー、下着やパジャマの色を意識的に変える。人と会う時に身につける色を意識的に変えるなど……。

言ってみればたったこれだけです。たったこれだけで、否応なしに習慣から変えることができます。あとは勝手に色が深層心理にまでアプローチして徐々に書き換えてくれ、あなたの潜在能力を開花させてくれます。ただ一つ、あなたと**相性のいい色を味方につけることが条件**です。

あなたと相性がいい色とは、あなたが生まれ持ったエネルギーを持つ色。その色を見れば、あなたの個性やらしさ、強みや得意分野が手に取るように分かるので、あなたの生まれ持った能力やパフォーマンスがアップします。

（例）左記と巻頭カラー図8が、筆者が生まれ持ったエネルギーを表すバースカラーです。本人のエネルギーの量や質といったそのものを表す色なので、もちろん波長の相性もよく、身につけるとエネルギーが倍増してパフォーマンスがアップします。

●**バースカラー（DIC-188）濃い紫青**

約35億通りから算出され、変わらず一生使えます。最上部から右回りに……

●アンチエイジングカラー（DIC-2066）薄い黄
●ラブカラー（DIC-149）あざやかな紫
●リラックスカラー（DIC-359）黄緑
●マネーカラー（DIC-137）あざやかな緑みの青
●バイオリズムカラー（DIC-133）明るい青緑
他にも……
●スポーツカラー
●フォーチュンカラー
●ファミリーカラー
などを算出できます（巻末ＱＲコード・バースカラー診断参照）。

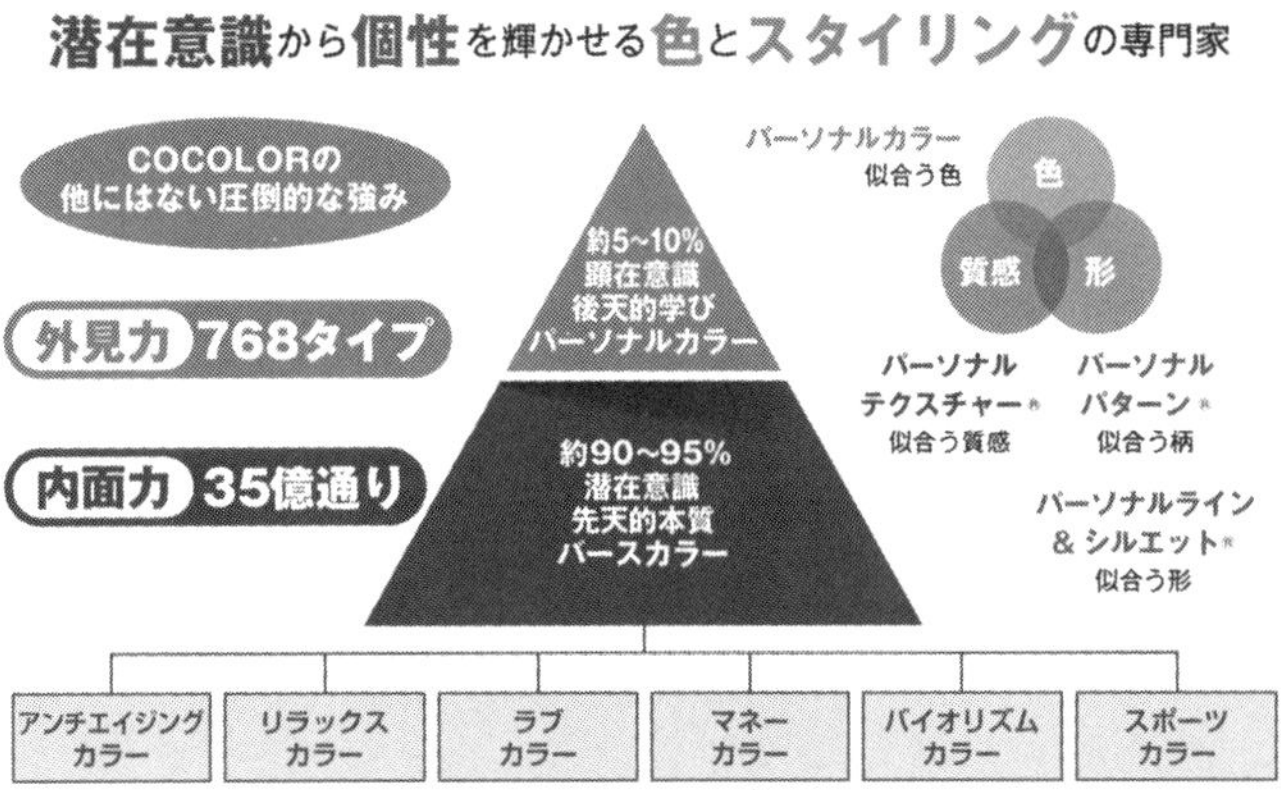

色でパフォーマンスを上げる！

～バースカラー～

前述した「バースカラー」について、さらに深掘りしていきましょう。色の語源は「血のつながり」です。その通りに、あなたのルーツである両親の誕生日や出生地といったデータから導き出していく色です。その他にも、両親がつけたあなたの本名（旧姓も）・生年月日・出生地・出生時間・性別・血液型・利き手などの合計12項目のアルゴリズムで出していきます。合計6色出てくるのですが、その組み合わせの数はなんと約35億通りにもなります。

不思議なのですが、こうして算出した色には、あなたが生まれ持った十人十色の個性や本質、強みといったリソース全てが表れます。

色は嘘をつかないので、色を見ればその人のことが手に取るように分かってしまうのです。

それだけではありません。その色を目に見えるところ・見えないところ、どこでもいいので、身にまとったり囲まれたりした状態で脳波を測ると、**脳がリラックスしながらもパフォーマンスよく働いてくれている**状態になることが分かっています。無意識レベルでなされるということに驚きです。

バースカラーは、「似合う色」とも「好きな色」とも、日々変わる占いや「ラッキーカラー」とも違います。一言で言うと「**使えば使うほど、一生結果の出続ける色**」。使うその人らしさを発揮するエネルギーやガソリンとなってくれるような色なのです。すごいと思いませんか?

バースカラーを算出するのに必要な12項目

①氏名(本名)　②旧姓　③生年月日　④出生地　⑤出生時間　⑥性別　⑦血液型　⑧利き

手　⑨母親の生年月日　⑩母親の出生地　⑪父親の生年月日　⑫父親の出生地

自分の色を総称してバースカラーと呼びますが、その中にはオールマイティな固有のバースカラーがあります。

バースカラーは、あなたの魂の本質やコアそのものを表す色です。あなたの魂の分身、魂そのもののエネルギーと言っても過言ではありません。それが、具体的なDICの色番号で1440色から一人に対して合計6色算出されるのです。

時に、あなたらしさを取り戻し、時にあなたらしく流れに乗せてくれるような色です。また、対外的にも「あなた」というブランドを表す**ブランドカラー**として効果や威力を発揮してくれます。

名刺やプレゼン資料といった大事なビジネスツールをはじめ、パフォーマンスを最大限に発揮したい「ここぞ」というタイミングで下着やファッションなどに用いると、あなたの生まれ持った力以上の力を発揮できます。

色で対人関係が良好に!?
～ラブカラー～

総称して「バースカラー」と呼ばれる色の中には、「第二のバースカラー」とも言われる「**ラブカラー**」も入っています。これも1440色から選ばれる色で、対人関係に特に効果的な色です。男女問わず、目に見えないフェロモンを刺激し、人からも社会からも愛し愛されるという相思相愛の関係になることができる色です。いい出会いを引き寄せるので、異性だけでなく、いいお客様やビジネスパートナーといった、自分の人生をいい意味で変えてくれる人間関係の出会いを引き寄せます。

波長が合う人と一緒にいると、楽しくて盛り上がって、あっという間に時間が過ぎる感覚があります。そばにいるもの同士、**波長と波長が似ているると共鳴し合い、足し算されてエネルギーが増大する**という物理的な法則からです。

干渉のしくみ

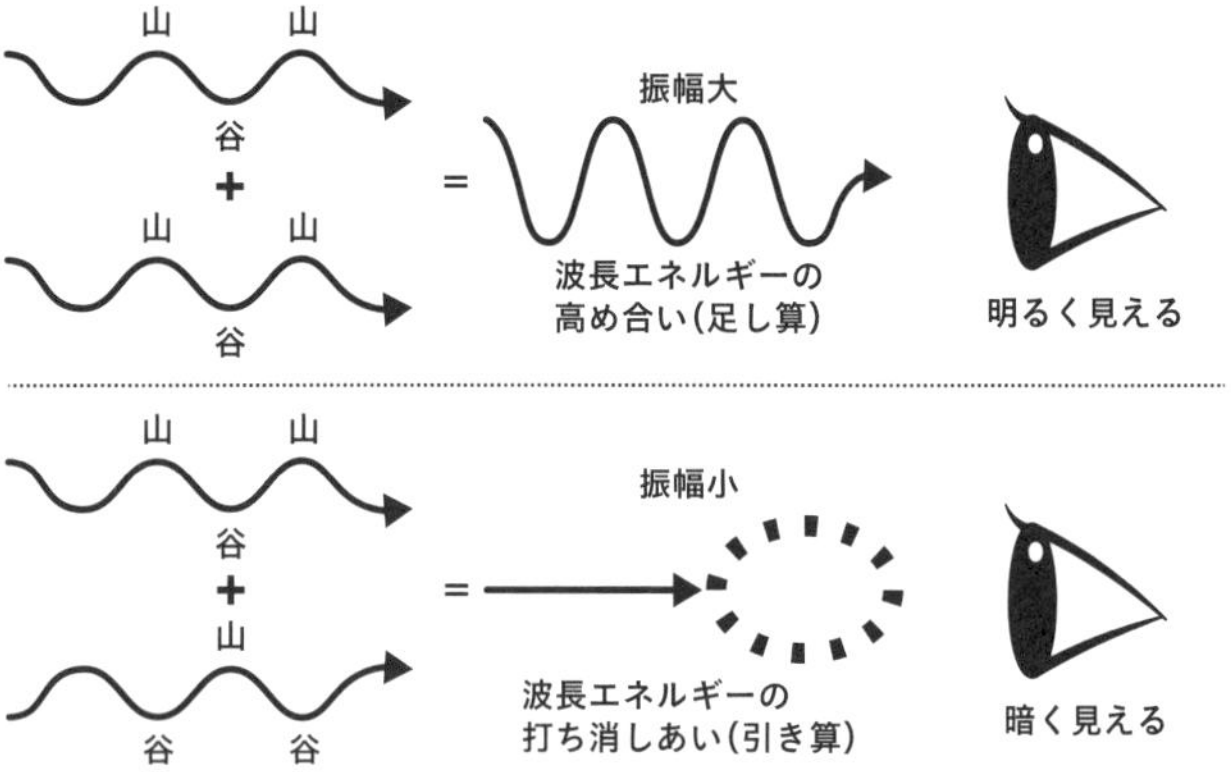

反対に、波長が合わないもの同士がそばにいると、なんとなく違和感を持ち、お互いに調子が出ないことはありませんか？　それは**お互いに波長を打ち消し合ってしまい、エネルギーがダウンする**という物理的な現象が起きているからです。

色も波長、人も波長。色同士の波長の相性は「**配色調和論**」、人間同士の波長の相性は「人間関係」です。「色」と「人」も波長の相性があるのです。

色の正体は光なので、特に光り物で身につけると、光速レベルでよい人間関係を引き寄せるでしょう。

色でお金の流れが変わる！
～マネーカラー～

物も人間と同じようにエネルギーがあります。目には見えませんが、波動を発しているのです。物の中で一番繊細なエネルギーと言われているのがお金ですが、バースカラーの中には「**マネーカラー**」という色も含まれます。マネーカラーはあなたにとって必要なお金を引き寄せる色です。「西に黄色やゴールド」は全ての人にとって金運が上がるというわけではなく、一人一人の波動、エネルギーに見合った色があるのです。その数は、ラブカラーと同じ1440色分の1色の確率です。

観たい、聴きたい番組にテレビ波やラジオ波のチャンネルを合わせるように、色もそれらと同じ電磁波ですから、チャンネルを合わせることで周波数が整い、お金や物、情報、チャンス、タイミングといった引き寄せも加速していきます。先ほどお伝えした人間関係の引き寄せと全く同じです。一人一人に携帯電話の番号があるように、色にも全て番号がついているので、その番号の色にできるだけ合わせていくようにすると、引き寄せたい目的を引き寄せることができるのです。

マネーカラーは、まずはお財布の色に使ってみてください。その他、メインバンクの色や銀行のお届け印を入れるケース、大事なお金にまつわる書類を入れておくファイルなどの色に使用してみてください。また、大事な会社のエントランスや大黒柱にマネーカラーのアートや置物を取り入れると、あなたに必要なお金の巡りが安定していきます。

ちなみに新生銀行は、32色の中から好きな色の銀行カードを選ぶことができるので、あなたのマネーカラーに近い色が見つかるかもしれません。新生銀行のキャッチコピーはその名も「Color Your Life ～あなたの人生に彩りを～」。あなたの人生を彩るのには、正直お金も大事ですよね。マネーカラーで安定したお金の流れを作って、あなたの人生に彩りを。

色で免疫や自律神経、ホルモンバランスが整う
～アンチエイジングカラー～

バースカラーの中には「**アンチエイジングカラー**」という色も含まれます。これも１４０色分の１色から選ばれるもの。この色は細胞活性に役立つので、美と健康にいい効果をもたらしてくれます。

一方、似合う色に「**パーソナルカラー**」というものがありますが、これは外見の、**肌や目、髪の毛の色素的に相性がいい色**のことを指します。加えて表皮の下に流れる「血色の赤みの出方」なども合わせて診断していきます。パーソナルカラーも当然顔映り的に印象を上げてくれる色ではありますが、合わせてアンチエイジングカラーも意識すると、細胞レベルで活性してくれるので、より一層若々しく見えることがあります。

似合う色や好きな色だけで生活するよりもさらに可能性を広げてくれるのが、このアン

チエイジングカラーを含めたバースカラーなのです。一度調べれば一生変わらないので、生まれてから死ぬまで使えます。

アンチエイジングカラーは、特に肌に近いところや下半身のボトムス、靴下や下着などに意識して取り入れてみてください。内面から艶が増して、オーラが上がったような感覚になることでしょう。実年齢より若々しく見られることも増えるかもしれません。

私自身、パーソナルカラー（似合う色）が、「ブルーベース」の「冬タイプ」なので黄色はあまり積極的に用いてきませんでしたが、アンチエイジングカラーが「DIC-2066（うすい黄）」だったためこの色に意識的にチューニングしたところ、褒められることが増えました。

このように、後天的な学びや経験から得た思い込み、色眼鏡が、人生をあなたらしくフローに乗せることを邪魔している可能性もあります。せっかくならいらない色眼鏡は外し、自分がご機嫌になる色眼鏡をつけましょう。そのために必要なのは、内面的に自分と相性のいい色を知ることです。色は本人の頑なな思い込みや色眼鏡を外し、いい意味で子どもの頃のような純粋なエネルギーに戻してくれる効果もあります。

色で新たな可能性が開花する！
～リラックスカラー～

バースカラーの中には「**リラックスカラー**」という色も含まれます。これも1440色分の1色から選ばれるものです。自分でも気がつかない奥底の**潜在意識にアプローチ**してくれるので、あなた自身も驚くほどの、自分の意外な本質が見えてきたり、まだまだ開花していない潜在能力の扉が開いたりするような、自分が自分らしく人生を歩み、切り開いていくための影の実力者です。

仕事モードの時に使ってももちろんいいのですが、プライベートなシーンや趣味の時間を共に過ごすウェア・グッズなどにたくさん使ってみてください。本当の意味で心から解放されてリラックスし、あなたの眠っていた魅力が目を覚ますはず。そうして明日への英気をより一層養うことにもつながっていくでしょう。

経営者は特に、いつも仕事モードになりがちだと思いますが、潜在能力を開花させて結果を出していきたいのであれば、このリラックスカラーを意識して戦略的に使ってみてください。プライベートはもちろん、仕事上でも意外な結果につながっていくはずです。

たかが色、されど色。あなたがやることとは、自分にとって必要な色を意識的に取り入れるだけです。コストや手間をかけずに、たったそれだけでビジネスの結果が変わってきたらしめたものです。多くの人がまだまだ知らないこの事実。あなたの人生は、色で他の人と差をつけられるはずです。

「経営戦略」と同じように「色彩戦略」も大事。「経営理念」と同じように「色彩理念」も大事。「事業計画」と同じように「色彩計画」も大事なのです。

色を選んだり変えたりするのは、コストも時間も手間暇もかかりません。黙ってあなたのために、一生働いてくれる最強の社員と言えます。大事なのは、その**色の見極め方と、使い方**なのです。

色で直感力を上げる！
～バイオリズムカラー～

色の目に見えない波長や波動の力に注目したのがバースカラーですが、バースカラーの中には「**バイオリズムカラー**」という色も含まれます。これも1440色分の1色から選ばれるもの。「バイオ＝生体」のリズムを整えてくれる効果があり、宇宙の大きな流れに自分の波長を共鳴してくれるので、より一層「**直感力**」が冴え、自分らしく大きな流れに乗っていけるような、そんな感覚になれるでしょう。

肩に力を入れなくても、必要な時に、必要な情報や必要な人脈、必要なものが与えられる感覚。宇宙の大きな愛に包まれて生かされているような感覚です。言わずもがな日々の努力は必要ですが、その努力がきちんと結果につながる感覚も味わっていただけると思います。

特に経営者は、日々しのぎを削って努力されていると思いますが、「人事を尽くして天命を待つ」という言葉もある通り、できる限りのことをした後は、焦らずに結果を天の意思に任せるのみです。バイオリズムカラーを味方につければ宇宙も味方につけられる、そんな色です。「経営者は最終的には運気」「宇宙のリズムに乗ることも大事」とは、私の知人であり、バースカラーのユーザーでもある男性経営者の言葉です。確かにそうかもしれません。

いつも身につける光り物、いつも目につくところに飾ってある絵画やインテリア、オブジェなどに意識してとり入れてみてください。

色でスポーツの結果が変わる⁉
〜スポーツカラー〜

スポーツの世界はビジネスの世界と一緒で、結果がダイレクトに数字で表れるとてもシビアな世界です。そんな、数字の結果に関わる色が、同じくバースカラーの中に含まれる**「スポーツカラー」**という色です。これも1440色分の1色から選ばれ、自分の**運動能力やパフォーマンスを上げる色**ですが、人それぞれ違い、色によってスポーツの自己最高記録を更新することもできるほどです。

オリンピックに出場するようなスポーツ選手の中にも、何気にスポーツカラーを使っている人がいますが、自身の運動能力に影響を与える色で、タイムやスコアといった結果につながる色なので効果の違いが分かりやすいです。

目に見えるところはもちろん、目に見えないところでも効果を発揮するので、ユニフォームの下に着るアンダーウェアやスポーツシューズのインソール、クラブやラケットといった道具、スポーツタオルやドリンクホルダーなどに使うといいです。

赤はやる気が出る・青は鎮静効果がある……などと言われていますが、それは一般的に知られている色のイメージやメッセージです。スポーツの結果が出る色もやはり、人によって違います。競技によってもトラックやフィールドの色は違いますが、自分のパフォーマンスが上がって結果につながる色であれば最高ですよね。

色で宇宙と自分の流れが分かる!?
～フォーチュンカラー～

宇宙も自分も刻々と変化を遂げていることを色で表せます。**「フォーチュンカラー」**と言うものです。変わらず一生使い続けられる総称のバースカラーとは違い、毎年のテーマカラーのようなもので、これだけは**毎年変わる色**です。今年のテーマが分かるので、どのようにしたら宇宙の流れにより一層自分のリズムを共鳴させることができるのか、というメッセージが見えてきます。

自分の力だけではどうにもならないことは、この世の中に少なからずあります。経営者は特に、宇宙の流れに乗ってナンボというところがあると思いますが、その流れに逆らわず、素直に従った方が、努力したことの何倍もの成果になって返ってくるのではないでしょうか。「色がない世界はない」だけに、色が教えてくれることを素直に生かしていけば、現実の世界がどんどん変わっていきます。

黒はパフォーマンスが下がる色!?

～黒の謎に迫る～

黒い物体は全ての光エネルギーを吸収してしまうので、生きるために必要な光エネルギーが私たちのところにほとんど届きません。「黒子に徹する」「喪に服す」「心のシャッターを下ろしたい」「余分なエネルギーや出会いをシャットアウトしたい」などの際にはいいですが、「自分の可能性を広げたい」「いい出会いを求めたい」「自分らしく流れに乗りたい」という時にはオススメしません。

突然ですが、食物や植物を半分に切って片方に白い布、もう片方に黒い布をかぶせてしばらく放置してみたとします。白と黒、腐る速度に差は出ると思いますか？　なんと、黒の方が早く腐ってしまうのです。そのため、私たち人間も黒ばかり着ていると老化が加速してしまう可能性があります。

ちなみに、生まれながらにしてその人の本質を表す、先述したバースカラーですが、黒を持って生まれてきている人は1人もいません。黒はエネルギーがゼロの状態なので、エネルギーがゼロで生まれてきている人はいないためです。

それでも、黒豆・黒砂糖・黒ゴマ・黒酢・黒米・海草類などの黒い食材の多くが体にいいのはなぜでしょう。それは、**全ての光のエネルギーを吸収している**ためです。見たり着たり囲まれたりするだけでは光の色のエネルギーが私たちに届かない代わりに、黒い食べ物を丸ごと口から入れてしまうことで一気に吸収できるのです。

自分と相性のいい色は、見る・着る・囲まれる・一緒に過ごすことをオススメしてきましたが、それでも足りないエネルギーは「食べて」しまってもいいのです。どの色もそれだけ無駄なく、私たちの人生に栄養を補給してくれる万能アイテムです。

神業に近い「とっておき」の白

～白の謎に迫る～

黒の反対に、あらゆる全ての光を反射して私たちに届けてくれるのが「白」です。白は、産着・ウエディングドレス・神社の神具・死装束などにも使われています。全ての色を与えてくれる光の色であり、神に一番近い万能な色、何色にでも染まれる色です。すでに**完璧であり、またゼロにもなれるリセットの色**でもある、100％と0％の両方を兼ね備えているような、不思議な力を持っています。

ちなみに、バースカラーが白に限りなく近い人は、あらゆるエネルギーを含んだバランス力の高い人と言えます。

ただ食べ物に関して言うと、「真っ黒」と「真っ白」を比較すると、食物の栄養価という意味では、黒の方に軍配が上がるようです。

（例）黒砂糖＞白砂糖、黒米＞白米、黒ごま＞白ごまなど

第6章

印象を左右する「パーソナル○○」

～外面・顕在意識編～

第一印象を制してビジネスを制す

何度もお伝えしてきた通り、鳥類ほどではないですが、人間もかなり視覚優位の生き物です。人間、中身ももちろん大事ですが、やはり外見も大事なのです。

女性の間では浸透してきているので、「**パーソナルカラー**」を知っている人も多いと思います。前述しましたが、簡単に言うと「似合う色」のことです。「似合う」の定義も難しいですが、私はその人らしさを表す「現在地」と定義しています。

「これが好き」「こうなりたい」「こう見せたい」「こう見られたい」など。外見や装いにおいてなりたい「目的地」は自由ですし無限ですが、現在地が分からないと目的地を目指せません。これは、素材が分からないと料理ができないということと全く一緒。あなたという素材を見極めて最大限に生かしきるために、あなたが持って生まれた「目や肌や髪の色素」を冷静に見極めていくのです。

ただ、こうした表面の色素は日焼けや病気、加齢によって少しずつ変化しますが、よほどの大病や大量輸血でもない限り一生変わらないとされている色素があります。それは両親から受け継いだ「**血色**」です。血色の赤みの出方の傾向によって、あなたにとって似合う色の傾向を導くことができます。

似合う色を身につけると、生まれ持ったあなたの色素と波長の相性がよくなります。それによってあなたの色素と身につけている色の波長の物理的な共鳴が起こり、エネルギーがアップします。具体的には……

- 肌の明るさやトーン、内側からの透明感が上がる・艶が増して見える
- 眼光や目ヂカラが強くなって見える
- 髪の艶が増して見える
- シミ・シワ・くすみ・たるみ・赤ら顔などの肌トラブルが目立たなくなる
- 全体的に、健康的に若々しくオーラや印象がアップして見える

など、たくさんのいい効果があります。色の正体は光なので、目から入った色の情報は光速レベルで脳や感情をダイレクトに揺さぶります。ですから、特に**「第一印象」に最も影響する情報**と言えます。

今の時代はオンラインで誰とでも簡単につながれる時代ですが、画面上で相手から見える、胸より上からの印象はとても大事です。第一印象を制してビジネスも制したいものですが、それにはやはり、自分自身と自分の魅せ方を知る必要があります。

パーソナルカラーは人が人を診断するものでもあるので、どんな経験値やスキル、ロジックを持った専門家に診てもらうかがとても大切です。信頼の置ける人に一度診て調べてもらうと、一生使える自分の魅せ方テクニックを得られると思います。

もちろん筆者も長年の経験に加え、得意としております（巻末QRコード「パーソナル○○診断」参照）。

デザインの三要素「色と素材と形」

私たちが目にするものには必ず「**色**」「**素材**」「**形**」があります。この「デザインの三要素」はとても密接に絡み合っているもので、中でも特に色と質感の結束はかたく、「色は質感を伴う」という言葉もあるほど、**色の印象は質感の違いによって大きく変化します**。

（例）
●暖色系の赤でも、エナメルなどの光沢のある質感だと多少冷たさを感じる
●寒色系の青でも、モヘアなどの毛量の多い質感だと多少暖かさを感じる

ファッションで置き換えてみても、同じ色でも素材違いだけではなく、柄違いや形違いなども入れると本当にさまざまです。五感の約66％以上は色の情報ですが、それでも、素

材や柄や形が違うと、イメージはまた変わってくるでしょう。これらの三要素は密接に連携しながら、私たちにさまざまなイメージを届けています。

デザインの三要素のうち、基本的に印象を最も大きく左右するのは色ですが、どれを重要視するかはもちろん人それぞれですので、「色型人間」「形型人間」さまざまです。けれど大きく分けて、前者に多いのは女性、後者に多いのは男性と言われています。これは前述したように、古来からの性別的特性による能力の違いや、遺伝レベルで異なる色覚も影響しているのかもしれません。

「似合う」を決めるのは色だけではない

先ほどもデザインの三要素の話をしましたが、私の主宰するCOCOLOR《ココカラー》は、似合う色（**パーソナルカラー**）のみならず、似合う質感（**パーソナルテクスチャー®**）、似合う柄（**パーソナルパターン®**）、似合う形（**パーソナルライン&シルエット®**）を導くロジックも持っています。似合う色から組み合わせると、その数なんと768タイプ。あなたに似合う色12タイプ×質感4タイプ×柄4タイプ×形4タイプで、合計768タイプです。

例えば、似合う色が春タイプだからといって、似合う素材や柄や形まで春タイプとは限らないのです（175ページ下図右参照）。

また、似合うは「現在地」とお伝えしましたが、自分に似合うものを知るというのはサイズを測るのと一緒で「**現状把握**」です。「あなた」という素材を見極める作業です。後ほど詳しくお伝えしますが、あなたが生まれ持った色素や血色・髪質や肌質・目などの質感・目鼻立ちといったパーツ・骨格や肉づき・身長や体型などを冷静に見極める必要があります。

そしてそれをファッションやコーディネート、スタイリングでどう調理するかを考えていくのです。

第一印象は「色」で決まる！
～自分に似合う色の見つけ方～

髪の毛や眉毛、瞳の色素を客観的に見てみてください。結論から簡単にお伝えすると、髪の毛や眉毛などを茶色に染めたり、コンタクトを茶色にしたりすると周りからの評判がいいという人は、全体的に温かみのある色素を感じる「**イエローベース**」。ナチュラルな黒の方が評判のいい人は、スッキリとした色素を感じる「**ブルーベース**」です。

そして一番大事なのが、基本的には一生変わらないとされる「**血色**」です。同じ赤い血でもより温かみを感じる「黄みを帯びた赤」のイエローベースと、多少冷たさを感じる「青みを帯びた赤」のブルーベース、そしてどちらでもないちょうど中心の赤とあります。

イエローベースの人は普段、ご自身の血色の赤みについてあまり気になったことがなく、むしろチークを塗ることでちょうどいい血色が生まれるタイプ。ブルーベースの人は普段、ご自身の血色が安定しなかったり、余分な赤みが気になったりするタイプで、チークを塗りすぎるとむしろ野暮ったくなります。詳しく見ていきましょう。

イエローベース（Warm タイプ）

ゴールドで明るく華やかになって、シルバーで暗く艶がなくなりくすむタイプです。オレンジ寄りのリップやチーク、他にも黄色や黄緑がよく似合い、髪色を茶色に染めるのも似合います。定番色で似合うのは、アイボリーやベージュ、キャメルやブラウンです。似合う色を身につけることで、明るく見えたり、自然な血色が生まれたり、艶が出て華やかに見えたりします。反対に似合わない色を身につけると、暗くくすんで、不健康そうに見えます。

ブルーベース（Coolタイプ）

シルバーでスッキリ透明感が上がって、ゴールドで野暮ったくなるタイプです。紫やピンク寄りのリップやチーク、他にもバイオレット（青紫）やマゼンタ（赤紫）がよく似合い、髪色は染めずに黒髪のままの方が似合います。定番色で似合うのは、真っ白やグレーやブラックです。似合う色を身につけることで、色白に見えたり、透明感が上がったり、余分な赤みが減って洗練されて見えたりします。反対に似合わない色を身につけると、膨張して垢抜けない印象になります。

このイエローベース・ブルーベースという考え方は、「自然界の色の見え方の法則」からきています。自然界は太陽による「光と影」の世界ですが、**光が当たっているところは明るさや温かみを感じ、多少黄み寄りに見えています**。

逆に、**光が当たっていないところは暗く冷たさを感じ、多少青み寄りに見えています**。

この原理原則から、前者を「イエローベース」、後者を「ブルーベース」と呼んでいるのです。あらゆる色が数多く集まったとしても、ベースカラーさえ共通していれば、どんな色でも配色として調和してしまうので不思議ですよね。

同じ**色相環**（色の輪）でもイエローベースとブルーベースに分けた図（巻頭カラー図9参照）のように、さまざまな色相でもベースカラーごとにまとめると、それぞれに印象が異なることがお分かりいただけると思います。B/Yと書いてあるのは、イエローベースにもブルーベースにも割り当てられるような汎用性の高い色です。

（例）中心の赤・中心の黄色・青緑系・紫系など

自分の色素と同じベースカラーは波長が合うので調和しやすい＝似合いやすいと言えます。

ちなみに、ベースカラー（色相）の違いを横軸に取り、明度の違いを縦軸に取り、彩度の違いを斜め軸に取ると208ページの図のようになります。上に明るい色を多めに、下に暗い色を多めに、右斜めに鮮やかで色みの強くはっきりとした、コントラストが強めの色を多めに、左斜めに穏やかで色みが弱い、グラデーションが強めの色を多く配置しています。

このように色の三属性で分けることで、「**春タイプ**」「**夏タイプ**」「**秋タイプ**」「**冬タイプ**」の4つのタイプに色を大きく分類することができます。また、人の色素も①**色相**、②**明度**、③**彩度**で分類できます（合計12タイプ・巻頭カラー図10参照）。

①（右）温かみのある色素の人
①（左）スッキリとした色素の人
②（上）明るめの色素の人
②（下）暗めの色素の人
③（右斜め）色素が強く、白目と黒目、肌と髪の色素のコントラストがはっきりしている人
③（左斜め）色素が弱く、白目と黒目、肌と髪の色素のコントラストが穏やかな人

似合う色を4つに分類

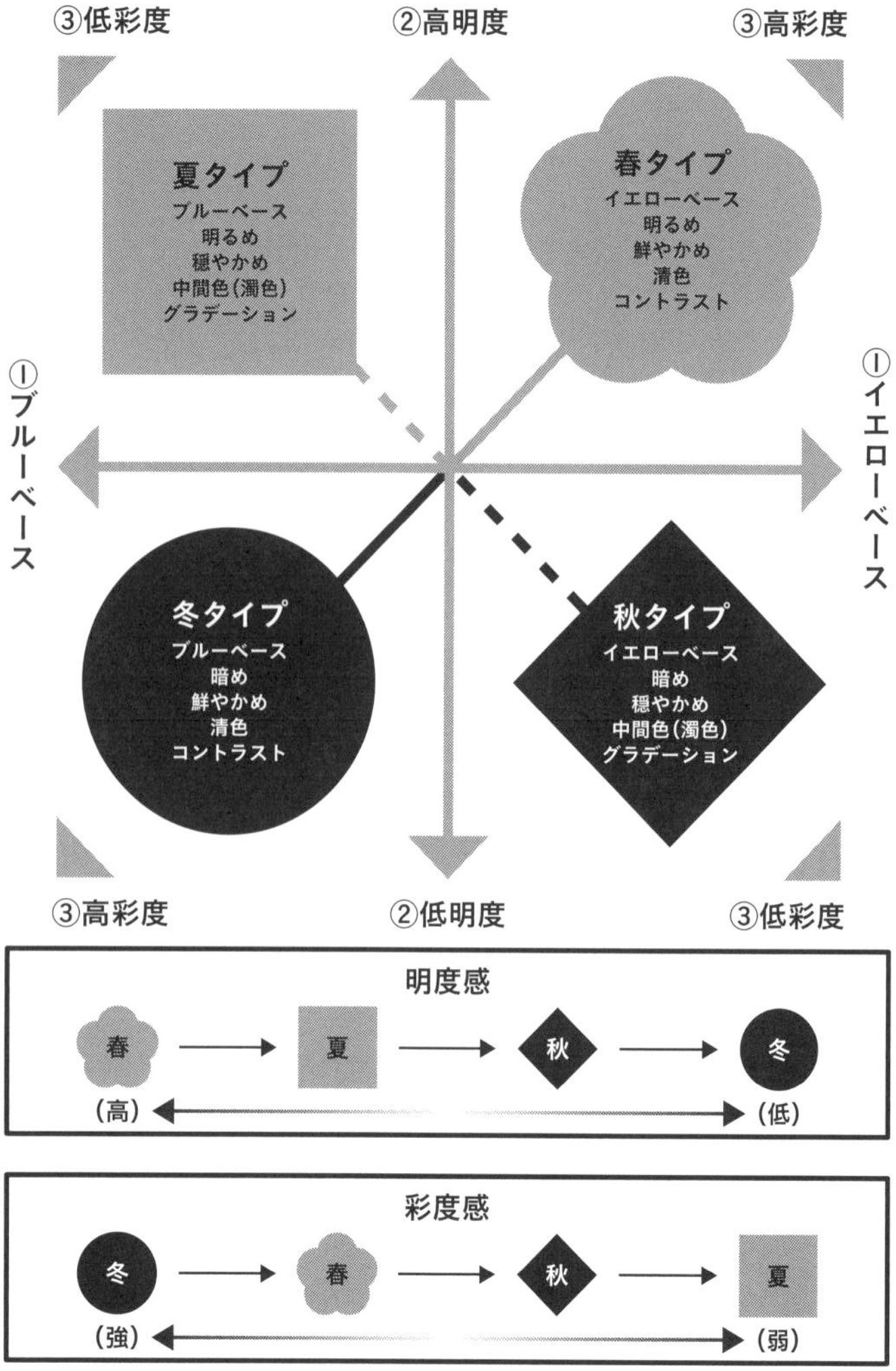

③低彩度
②高明度
③高彩度
夏タイプ
ブルーベース
明るめ
穏やかめ
中間色(濁色)
グラデーション
春タイプ
イエローベース
明るめ
鮮やかめ
清色
コントラスト
①ブルーベース
①イエローベース
冬タイプ
ブルーベース
暗め
鮮やかめ
清色
コントラスト
秋タイプ
イエローベース
暗め
穏やかめ
中間色(濁色)
グラデーション
③高彩度
②低明度
③低彩度
明度感
春
夏
秋
冬
(高)
(低)
彩度感
冬
春
秋
夏
(強)
(弱)

第二印象は「質感」が大事
～自分に似合う質感の見つけ方～

デザインの三要素の二つ目には**「質感」**があります。素材と言わずにあえて質感とお伝えしているのは、同じ素材でも加工の仕方によって印象が変わるためです。例えば、同じコットン（綿）でも糸の太さや織り方によって風合いが異なりますし、アイロンをかけて糊づけするorあえて洗いっ放しにするのでも風合いや質感が全く異なります。

色は第一印象に大きく影響しますが、**質感はその人の第二印象に関わります**。その人の「味わい」や「風合い」、「らしさ」が後から滲み出てくる感覚です。二度見、三度見される人になるためにも、自分に似合った質感を知っておきたいものです。

自分が持って生まれた色素と似た色が「相性の合う＝似合う」ように、自分が持って生まれた質感と似た質感はやはり相性がいいので似合います。自分の個性やらしさをより引き立ててアピールしてくれるのです。

自身の肌や目や髪の毛の質感が……
●不均一でクセがあり、風合いがある人はそのような質感が
●均一でクセがなく、滑らかな人はそのような質感が
●細くて、薄くて、軽い人はそのような質感が
●太くて、厚くて、重い人はそのような質感が
●ハリ、艶、光沢がある人はそのような質感が
●ソフトでマット、無光沢の人はそのような質感が

フィットして「らしさ」を強調してくれるのです。

第三印象は「柄や形」が大事
～自分に似合う柄や形の見つけ方～

デザインの三要素の三つ目には「**形**」があります。柄も形の中に含まれる要素です。色は第一印象に、質感は第二印象に大きく影響しますが、**形はその人の第三印象に関わる**と言っていいでしょう。もしかすると第二印象と第三印象の、質感と形は人によって優先順位が入れ替わるかもしれませんが、第一印象の色は不動の立ち位置です。質感に加えて、さらに自分に似合った形を知ることができれば鬼に金棒です。

自身の目鼻立ちといった顔のパーツや、骨格や肉づきといった体型が……

- 曲線的で有機的な人はそのような柄や形が
- 直線的で無機的な人はそのような柄や形が

●細く繊細で小柄な人はそのような柄や形が
●太く大胆で大柄な人はそのような柄や形が
●目立つ、際立つ、浮き立つような人はそのような柄や形が
●目立たない、馴染む、溶け込むような人はそのような柄や形が

やはりフィットして「らしさ」を強調してくれるのです。

筆者が主宰するCOCOLORのホームページでは、似合う色、質感、柄、形を768タイプの中から無料で診断できるシステムを搭載しています。よろしかったらシミュレーションしてみてください（巻末ＱＲコード「COCOLORホームページ」参照）。

「好きな色を身につけたい！」似合わない色を似合わせる方法

「似合わない色」だとしても、それは「好きな色」かもしれませんし、前述したように「自分のパフォーマンスを上げる色＝バースカラー」かもしれません。似合わない色でも、自分にとってそういう色だったら、もちろん積極的に取り入れていきたいですよね。

そのためにも、自分の「**似合う質感**（**パーソナルテクスチャー®**）」や「**似合う柄**（**パーソナルパターン®**）」、「**似合う形**（**パーソナルライン&シルエット®**）」を積極的に取り入れてみてください。

たとえ似合わない色だったとしても、質感や柄、形だけでも「自分らしさ」や「似合う」をキープできれば、あえて「ハズした」かのような味わいが出る場合もあります。

あえて「ハズした」のか、結果的に「ハズれてしまった」のかは大きな違いですが、どちらに振れるかは、やはり自分の「個性」や「強み」といった素材の「よさ」や「らしさ」の見極めがどれだけできていて、生かされているかによると思います。

自分らしい似合うものを知っているからこそハズすこともできますが、知らなかったとしたらハズすことすらできずに、単に似合わないものとなってしまうということです。これは、自分のスタイリングだけではなく、さまざまな商品やブランドの見せ方にもつながるお話です。

基本はストレートの直球勝負が最も伝わります。そして合間に飽きさせないようなジャブといった、「**統一と変化のバランス**」。これに尽きます。

トレンドカラーを自分らしく取り入れる方法

トレンドカラーがなぜ生まれるのかについては前述しましたが、トレンドは追いすぎるのも追わなさすぎるのもナンセンス。「自分らしく時代に乗る」「自分らしく取り入れる」くらいの姿勢がちょうどいいのです。「風の時代」「個の時代」に、自分らしく流れに乗りたいですよね。

やはり「似合わない色を似合わせる」「単にハズれてしまわないようにハズす」のと一緒で、自分らしさを知らなければ「自分らしく」も叶わない領域です。そのために、本章では似合う色（パーソナルカラー）、似合う質感（パーソナルテクスチャー®）、似合う柄（パーソナルパターン®）、似合う形（パーソナルライン&シルエット®）の考え方や見つけ方を簡単にお伝えしました。

デザインの三要素の他に、あと二つつけ加えるとしたらそれは**「分量（面積）」**と**「位置」**です。仮に同じ色だとしても、用いる分量（面積）や位置によって全くイメージが異なるためです。

似合うものだったら分量を多めに。全身に持ってきてもいいでしょう。用いる位置も、顔まわりに置いて問題ありません。その一方で、似合わないものであれば分量を少なめに、位置も顔周りは避けてボトムスに用いるなど、小物や柄の一部で楽しむといった工夫やコツが必要です。

トレンドカラーも同じテクニックを使えば、自分らしく取り入れることが可能です。

似合わないものもあえて用いる……。かえってそのくらいの方が、オシャレに見えることがあるのも事実です。ちょっとしたハズしを、あえて「遊び」と捉えて自分らしいオシャレを楽しんでください。素材を生かした料理＝自分を生かしたスタイリングは、プチプラの商品も高見えするので不思議です。波長と波長のエネルギーが共鳴し合うメリットです。

自分を「生かすコーディネート」と「殺すコーディネート」

突然ですが、あなたはキュウリを目の前にした時、煮込み料理に使いたいとはあまり思いませんよね？　これがキュウリに似たズッキーニだったら話は変わり、ラタトゥイユなどの煮込み料理にするかもしれません。変な話ですが、もしあなた自身がキュウリだとしたら……漬けものやサラダであれば適役だと思うでしょうが、煮込み料理だと少し躊躇してしまうでしょう。それは、どう考えても素材が生かされずに殺されてしまうからです。

キュウリの煮込み料理もなくはないでしょうが、時間やコスト、手間暇が必要以上にかかるかもしれませんし、いちかばちかの賭けの要素もあるでしょう。それに比べて素材を生かした料理は、時間やコスト、手間暇がかからずリスクもありません。あなたならどちらを選びますか？

コーディネートやスタイリングも全く一緒です。素材が分からないと料理ができないのと同じように、自分という素材が分からないとスタイリングのしようもないのです。これは、商品を売るためのデザインやブランディング、カラーコーディネートでも同じことが言えます。**どれだけ素材のことを知って、そのよさが伝わるべく見せていくのか**が重要なのです。

素材は現在地、食べたい料理は目的地

現在地と目的地が近いほど、時間やコスト、手間暇はかかりませんが、遠くなるほどかかります。ファッションも似合う自分（現在地）と、なりたい・見せたい・見られたい自分（目的地）の距離感を把握するところから始まり、その間を埋めるのがコーディネートやスタイリングといった作業なのです。

色でスタイルアップして見せるコツ

～錯覚を上手に活用！～

第2章で色と見た目の関係や錯覚についてさまざまなことに触れ、本章ではデザインの三要素による「似合う」や「似合わせ」について触れてきました。それらを全て応用すれば、色でスタイルアップして見せることも可能です。

- 膨張して見せたいところは、暖色系や高明度の膨張色を使う
- 収縮して見せたいところは、寒色系や低明度の収縮色を使う
- 明るく見せたいところは、明るいレースやネットをかける／周り（背景）に暗い色を置く
- 暗く見せたいところは、暗いレースやネットをかける／周り（背景）に明るい色を置く
- 鮮やかに見せたいところは、その色の補色を少し補充する／周り（背景）に穏やかな色を置く

色は単色で存在することはまずないので、**色の組み合わせ方によって見せ方をいくらでも変えることができます**。色のスタイリングで立体感や奥行き、メリハリをつけるのも夢ではありません。

例えば和服文化は、シルエットのメリハリをあえて潰して直線的な円筒状になるように着付けるので、ある意味、形はほぼ一緒です。その反面、半襟・帯・帯上げ・帯締め……といった小物の色柄合わせで、いくらでもイメージを変えられる要素が満載です。

自然界の四季とともに生かされている日本人は、古来より「十二単」をはじめとする着物の色合わせで季節感を演出するなど、自然と共存しながら生活を豊かにして楽しんできました。そのため着物の色合わせは、ある意味、その人の教養を問われる部分でもありました。

「襲《かさね》（重）の色目《いろめ》」と呼ばれる、自然界にヒントを得た着物の配色見本は、四季折々の変化を「色彩」として感じ取ってきた日本人が作り上げた配色技法です。「世界最古の配色便覧」とも称されており、日本人が世界に誇るべき日本文化の一つとなっています。

この、繊細な感性や技法を、ぜひ現代にも受け継いでいきたいものです（巻末参考サイトQRコード5・襲（重）の色目参照）。

着痩せして見える色
～色の収縮効果～

収縮して着痩せして見えるのは、暖色系よりも寒色系、高明度よりも低明度の色です。

色の中でも最低明度の「黒」は、収縮効果は最大かもしれませんが、その分、最も重たく感じる色でもあるので重量感も最大になってしまいます。

そうならないためにも、万人にオススメな色は「**ネイビー**」です。「寒色系」で「低明度」ということから、黒ほど重たくなりすぎずに、収縮効果が高い色です。なおかつ、パーソナルカラー的にも、色素や血色を問わずどなたでも似合う色ですし、どなたでも品よく、知性的に、上質かつ上品に見せてくれる効果があります。安心感や安定感、信頼感を与えやすい色でもあります。

そのため、よくお受験の家族のスーツにも使われ、ビジネスシーンでも、ブラックよりもネイビーの方がスタンダードです。

さらに、イエローベース寄りのネイビーからブルーベース寄りのネイビーまで、ライトネイビーからダークネイビーまでさまざまあるので、自分に似合うネイビーを厳選してみてください。そしてまた、定番色なだけに、配色やスタイリングで思いきり自分らしく個性を出して楽しんでみてください。

「センスいいね！」と言わせるための総合テクニック

色と質感と形。何度も言いますが、これらはとても密接な関係にあります。ですが、いったん切り離して客観的に整理してから組み合わせることが大事です。

- 色が持つイメージ
- 質感が持つイメージ
- 形や柄が持つイメージ

これらが合致しているほど、そのイメージやメッセージ性は強く伝わりやすくなりますし、それらがズレてくるほど、何が言いたいのかが伝わりにくくなります。

先述した通り、あえて一部をハズすことによる面白みや味わいは出ますが、どこまでが「ハズし」で、どこからが「ハズれてしまう」ことになるのか、その見極めが大切です。**どんなイメージやメッセージを伝えたいのか、果たしてそれが伝わるものになっているのかといった視点が大切**です。

「統一と変化のバランス」の話もしましたが、基本は「**統一が7に対して変化（ハズし）が3**」が一般的なおしゃれな人だとすると、玄人レベルにおしゃれな人は「**変化が7に対して統一が3**」の場合もあります。柄on柄のスタイリングのように一見バラバラとして見えていても、実はどこかで何かがきちんとつながっているコーディネートが組まれていたりするところが、「センス」の違いなのかもしれません。

風の時代・個の時代に色の力を徹底活用！

〜カラーブランディングの重要性〜

前述した通り、会社には必ず「**コーポレートカラー**」が、ブランドには必ず「**ブランドカラー**」があり、「なんとなく」や一朝一夕で決められたものはどれ一つとしてありません。いずれも、企業やブランドの思いや理念、顧客に伝えたいイメージや届けたいメッセージといった言霊を、色の波動に乗せて伝えるべく、同じような色みの中でもこだわり抜いて選ばれています。

個人にも同じことが言えます。

マスメディア中心の時代から、オウンドメディアを自由に持てるようになってきた昨今。あなたに似合う「パーソナルカラー」だけではなく、あなたらしさや生きざまを表す「オウンドカラー」というものが、きっと役に立つはずです。

そのヒントとなるのが、何度となく本書に登場してきた、あなただけの、約35億通りからなる「バースカラー」です。

「色を言葉のように扱う」「色は語る」という言葉もありますが、色の波動と言葉の波動が合致した時、エネルギーの共鳴が起き、イメージ性やメッセージ性も高まって、より一層伝わりやすくなります。香りで好きだった人を思い出すかのように、**色であなたのことを思い出してくれる**人が増えたら、この「風の時代」「個の時代」にとても得だと思います。

繰り返しになりますが、五感の約66％は色です。あなたの約90～95％の潜在意識にもアプローチして理性と本能のバランスを程よく整えながら、潜在能力を開花してくれるのがあなたの色です。これを人生にもビジネスにも役立てない手はありませんよね。

たかが色、されど色。

豊かな色と書いて、「艶」です。

色彩を豊かにして、または豊かな色で、名実ともに彩り豊かな「艶」のある人生をお過ごしください。そのために、本書で紹介した「**色の力**（**色彩力学**）＝**物理学**×**心理学**」を大いに活用してください。

おわりに

「働き方」以前に、「生き方」そのものを見直すべき局面とも言える昨今。このような時代だからこそ、改めて原点に立ち返り「当たり前」の「ありがたみ」に気づいて感謝する時かもしれません。

「色」はそのための一つのツールです。コストや手間暇をかけずに結果を出せるものです。そんな色の力を理解し、価値を見出し、色を味方につけ、ビジネスや人生を好転させた人をたくさん見てきました。その方たちの共通点は……

①素直である（アドバイスを受け入れられる）
②実践する（アドバイスを具体的に行動に移せる）
③継続する（楽しみながら、飽きずに色を使い続けられる）

ということです。

本書では、色の正体は「光」「波長」「電磁波」「エネルギー」であること。また、五感全体の約66％を占め、脳の無意識から意識までを刺激し、潜在能力を開花させるということについて繰り返しお伝えしてきました。本書を読み終わった皆さまは、少なくとも色の力を理解し、価値や可能性を見出していただけたことと思います。

ここから先は、具体的な「実践」です。人種や性別や年齢を超えて、同じ人間であれば共通して結果を出せる色から、「十人十色」と言うように、個人・商品・企業それぞれで結果の出る色やコーディネートまで、全てを実践してみてください。

COCOLORでは、そんな結果の出る「実践」に助力するために、楽しみながら継続して色で結果を出すところまで、独自の「色彩力学」を用いてあなたと色の相性を見極め、潜在能力から見た目までトータルで「スタイリング&ブランディング」をしています。いつか皆さまと素敵な「配色」を作るべく、実際にお会いできましたら幸いです。

「ここから」色であなたの未来が広がりますように。「ここから」はじまるさまざまな企業との色のコラボレーションで、世界中の人の心を愛と幸せで満たせますように。

COCOLOR代表　都外川八恵

参考サイト

1 PCCS色相環

2 コニカミノルタ「色色雑学」

3 DICカラーガイド

4 JIS慣用色名

5 襲（重）の色目

参考文献

- 『ファッションスタイリング検定3級テキスト<分析・分類編>』都外川八恵著（繊研新聞社）
- 『一流になりたければ、その「色」を変えなさい。』庄島義博著（きずな出版）
- 「バースカラーマイスター講座」「バースカラーインストラクター講座」テキスト

都外川八恵（ととかわ・やえ）

「色」を起点にさまざまなソリューションを行うクリエイティブ・コンサルティング会社のDICカラーデザイン株式会社出身。2008年以降COCOLOR（ココカラー）主宰。

文部科学省後援の色彩検定・認定色彩講師。また、東京商工会議所のカラーコーディネーター検定・認定色彩講師でもあり、国内における色彩関連の検定資格をほぼ全て取得している。

大学にて色彩研究の教鞭をとり、企業研修やコンサルティング業務にも携わる。一方、各人の潜在能力から見た目までを開花させるトータルカラーブランディングのスタイリストとして個人指導も行っている。

潜在能力（あり方：内面）は、約35億通りから。そして、似合う色・質感・柄・形（やり方：外面）は約768タイプから導き出すロジックを持っている。

近著に、『あなたの色が幸せを全部教えてくれる』（青林堂）がある。

■COCOLORホームページ

■チャクラグラス（第3、4章）

■バースカラー診断（第5章）

■パーソナル〇〇診断（第6章）

心理学×物理学×色彩学の研究でわかった！

なるほど「色」の心理学

2021年11月24日　初版発行

著　者　都外川八恵
発行者　野村直克
発行所　総合法令出版株式会社
〒103-0001 東京都中央区日本橋小伝馬町15-18
EDGE小伝馬町ビル9階
電話　03-5623-5121
印刷・製本　中央精版印刷株式会社

落丁・乱丁本はお取替えいたします。

ISBN 978-4-86280-822-6
総合法令出版ホームページ　http://www.horei.com/